Bragean Vargas Marquez
Luis Inga Hanampa
Mauricio Maldonado Portilla

Design Thinking en el proceso de diseño de experiencias de usuario

Bragean Vargas Marquez
Luis Inga Hanampa
Mauricio Maldonado Portilla

Design Thinking en el proceso de diseño de experiencias de usuario

Un modelo para el diseño de interfaces de usuario

Editorial Académica Española

Publisher:
Editorial Académica Española
is a trademark of
Dodo Books Indian Ocean Ltd. and OmniScriptum S.R.L Publishing group
Str. Armeneasca 28/1, office 1, Chisinau-2012, Republic of Moldova, Europe
Printed at: see last page
ISBN: 978-620-2-24013-0

Design Thinking en el proceso de diseño de experiencias de usuario
Un modelo para el diseño de interfaces de usuario

Por:
Bragean Luis Vargas Marquez
Luis Angel Inga Hanampa
Mauricio Gonzalo Maldonado Portilla

DEDICATORIA

Dedico este libro a mis padres, por ser la base de mi formación, por el apoyo incondicional que necesite y sobre todo por creer en mí.

A mis amigos con quienes he compartido este trabajo, por la amistad y el apoyo mutuo durante nuestro desarrollo académico y laboral.

Luis Angel Inga Hanampa:

Este libro está dedicado a mis padres Jenny y Fernando quienes con su amor, paciencia y esfuerzo me han permitido llegar a cumplir un objetivo más, gracias por inculcar en mí el ejemplo de esfuerzo y valentía, de no temer las adversidades porque Dios está conmigo siempre.

Mauricio Maldonado Portilla:

Como todos los misterios del universo, la dedicatoria de un libro es un acto mágico. En este caso está dedicada a cada una de las personas que he conocido, que conozco y que conoceré, las cuales forman una parte importante de mi ser y de lo cual agradezco.

Bragean Luis Vargas Marquez

PRESENTACIÓN

El presente libro "Design Thinking en el proceso de diseño de experiencias de usuario. Un modelo para el diseño de interfaces de usuario" entrega en su contenido una forma dinámica de cómo afrontar el diseño de interfaces de usuario para la elaboración de software basadas en las experiencias del usuario y emplea la filosofía del *design thinking* para la implementación de dichas interfaces.

Queremos expresar nuestro agradecimiento al ingeniero Yasiel Perez por darnos la oportunidad de empezar a desarrollar este tema, del mismo modo al ingeniero Victor Cornejo por ser nuestro tutor y guiarnos durante el desarrollo de este libro, además de un agradecimiento especial a la Universidad Nacional de San Agustín de Arequipa en la cual adquirimos conocimientos, valores y nos dio una formación profesional integral, finalmente, a todas aquellas personas, colegas y amigos que nos brindaron su apoyo, tiempo e información para el logro de este libro.

Luis, Mauricio y Bragean

CONTENIDO

Capítulo I
Interfaz de Usuario

En este capítulo se presenta un conjunto de definiciones necesarias para hacer un vocabulario uniforme entre el autor y los lectores, es necesario entenderlos de forma individual para luego ver la implicancia que tienen estos conceptos en el modelo de diseño de experiencia de usuario basado en design thinking

Producto Digital

Un producto digital se puede definir como un bien no tangible elaborado mediante tecnologías de la información y puede ser adquirido, comprado o descargado a través de Internet. Un producto digital mayormente nace de una idea de negocio, una necesidad o alguna función a cubrir, estas se desarrollan a través de una o varias tecnologías determinadas.

Los productos digitales al estar enfocados en cubrir las necesidades de los usuarios objetivo o mercado, los profesionales y equipos relacionados al desarrollo de estos deben estar comprometidos con el bienestar de los usuarios finales, objetivos de negocio y las limitaciones tecnológicas. Los productos digitales requieren de un proceso para que estos puedan ser desarrollados. Los procesos de creación de productos pueden clasificarse como lineales o iterativos:

- **Proceso Lineal:** este tipo de proceso es muy simple de entender, ya que describe que el proceso está dirigido en un solo sentido, además el proceso describe claramente el inicio y fin.
- **Proceso Iterativo:** se caracteriza por realizar varios procesos o ciclos, se describen como capas que se van sumando una sobre otra para tratar de mejorar con cada una el producto inicial, que muchas veces comienza como algo pequeño muy distinto al producto final, este también es conocido como Producto Mínimo Viable (MVP).

Interfaz de Usuario (UI)

La tecnología que actualmente utilizamos en nuestro día a día, ¿Es fácil de usar y fácil de aprender? ¿Algunos programas son más difíciles de usar? ¿Ha visto a alguien sufrir para programar su smart TV, celular nuevo, o la cafetera? ¿Los productos tecnológicos que utiliza se comportan de forma que no comprende? Esto se debe en su mayoría a una interfaz de usuario (UI) mal diseñada.

La interfaz de usuario es una parte vital de casi todos los sistemas informáticos. Se han identificado varios accidentes o desastres debido al diseño de interfaz de usuario. Las UI mal diseñadas resultan en un aumento de tasas de error, altos costos de capacitación y disminución del rendimiento. Estos errores para las empresas se visualizan como un mayor presupuesto monetario, y para los usuarios que lo utilizan un mayor estrés.

La interfaz de Usuario es dividida en 4 partes como se muestra en la figura 1:

Fig 1: División de la Interfaz de Usuario.

1. **Requisitos**: Para crear una buena interfaz de usuario, debe asegurarse saber quién la usará y con qué propósito.

2. **Diseño:** La parte de diseño lo lleva a través del diseño conceptual, eligiendo dispositivos de interacción y componentes de software, y luego integrando estos componentes dentro de áreas específicas de diseño.

3. **Evaluación:** Averiguar si su interfaz de usuario funciona es una parte intrínseca del desarrollo. Esta parte le dirá cómo hacer esto.

4. **Persuasión**: Es importante convencer a los usuarios o colegas de la necesidad de realizar cambios en la interfaz de usuario cómo decidir cuáles podrían ser esos cambios.

Características de la interfaz de usuario

1. **Simplicidad**: El diseño minimalista es un concepto moderno que se enfoca en resaltar las principales funcionalidades dejando de lado cualquier aspecto decorativo que obstruyan a estos. Antes de agregar alguna característica siempre es necesario preguntarse "¿Es realmente necesario este elemento o función para el usuario?". Debemos asegurarnos que cada función o elemento tenga un propósito específico para el usuario.

2. **Familiaridad**: Con familiaridad nos referimos a lo que normalmente el usuario puede identificar, por ejemplo, cuando navegamos por internet, en diferentes páginas web, encontramos iconos familiares como son el menú hamburguesa, los iconos para ingresar, el icono para la localización. etc. Otro ejemplo clásico sería el icono de "Disquete" que fue utilizado desde los inicios de "Word" para guardar el documento. En otras palabras, existen iconos universales que el usuario puede identificar fácilmente.

3. **Coherencia**: En el diseño existe una serie de pasos que se deben seguir para mantener un entendimiento hacia el usuario, esto va desde los estilos hasta los textos y las posiciones de estos mismos. a esto lo llamamos coherencia visual.

4. **Claridad**: Cada acción, texto, estilos deben ser claros y llamados por su nombre. Así se evitan confusiones hacia el usuario asegurando una buena navegabilidad.

5. **Rapidez**: Cualquier interfaz debe tener una respuesta rápida a cada acción que se realice durante la navegabilidad, pero con rapidez nos referimos a la capacidad de aprender sobre el uso de este, para que cuando vuelva a usarlo no tenga que aprender nada desde cero.

Importancia de la Interfaz Humano-Computador

Para lograr realizar cualquier interfaz se debe realizar un estudio completo a la interacción que se tiene entre el humano y cualquier objeto tecnológico, como por ejemplo: radios, tv, computadora, celulares, etc.

La interacción humano-computador (IHC) es el estudio de cómo los humanos interactúan con los sistemas informáticos, varias disciplinas contribuyen a la IHC, incluida la informática, la psicología, la ingeniería y el diseño gráfico. IHC es un término amplio que cubre todos los aspectos de la forma en que las personas interactúan con las computadoras.

En la vida diaria, las personas entran en contacto con un número cada vez mayor de tecnologías informáticas, varios de estos como las computadoras personales los usamos directamente, entramos en contacto con otros sistemas de manera menos directa; por ejemplo, todos hemos visto a los cajeros usar escáneres láser y cajas registradoras digitales cuando compramos y como todos sabemos, algunos sistemas son más fáciles de usar que otros. Cuando los usuarios interactúan con un sistema informático, lo hacen a través de una interfaz de usuario (UI).

El diseño de la interfaz de usuario es importante y resalta las consecuencias de un diseño de interfaz de usuario deficiente o incorrecto, más importante aún, se tiene que primero pensar en los usuarios, el por qué y cómo involucrarlos en el diseño y la evaluación de la interfaz de usuario.

Importancia de un buen diseño de Interfaz de Usuario

Un buen diseño de la interfaz de usuario (UI - User Interface) es importante porque, como lo hemos comentado anteriormente, el uso de las UI está en todos lados y hablando particularmente de las computadoras, se utilizan todos los días. Los primeros sistemas informáticos eran costosos y se desarrollaron principalmente para tareas particulares, como el procesamiento avanzado de números; como tal, estos sistemas fueron empleados únicamente por usuarios informáticos especializados. A menudo, los sistemas tenían interfaces de línea de comandos, con comandos oscuros conocidos solo por estos usuarios especializados. Por lo tanto, el usuario tuvo que adaptarse al sistema y aprender a usar el sistema requirió mucho esfuerzo.

Sin embargo, los sistemas informáticos ya no son competencia del usuario especializado, a medida que el precio de las computadoras personales y las tecnologías basadas en computadoras ha caído, la propiedad de este tipo de bienes por parte de no especialistas se ha ampliado. Por lo que diseñar y crear interfaces de usuario que aseguren que los usuarios y personas con diferentes habilidades realicen tareas con mayor facilidad se ha convertido en un tema muy importante. Las personas que utilizan sistemas informáticos que son fáciles de entender y de usar, se sienten más a gusto y les permite alcanzar sus objetivos con un mínimo de frustración.

Capítulo II
Diseño de Experiencia de Usuario

En este capítulo nos enfocamos en la experiencia de usuario, se detallan dos modelos de diseño de experiencia de usuario, el modelo de Ronda León y el modelo de Yusef Hassan Montero.

Experiencia de Usuario (UX)

El término experiencia de usuario deriva del inglés User Experience (UX), que se define como "la percepción de una persona y las respuestas que resultan del uso previsto de un producto, sistema o servicio".

Estudiar la experiencia de usuario es estudiar cómo los usuarios se sienten con un producto o servicio antes, durante y después de una interacción. La UX depende de varios factores, como aquellos inherentes al usuario, factores culturales, sociales, contexto de uso y otros inherentes al producto, la experiencia de usuario también toma en cuenta las emociones de los usuarios, expectativas, creencias, percepciones, preferencias y respuestas físicas y/o psicológicas.

El usuario y el producto interactúan en un contexto donde se debe tener en cuenta factores sociales y culturales, por lo tanto, es necesaria una investigación más rigurosa sobre el desarrollo de una evaluación de la experiencia de usuario para comprender qué características del producto provocan respuestas emocionales del usuario y si esta respuesta es positiva o negativa

Uno de los sistemas de evaluación de la experiencia del usuario consiste en dividirlo en cuatro dimensiones, la cual analiza los siguientes aspectos: usuario, aplicación, dispositivo y parámetros contextuales.

- **Usuario**: se manifiesta en su humor, expectativas y como esta se manifiesta frente a la experiencia con el sistema.
- **Aplicación**: este aspecto se manifiesta en las funcionalidades, propiedades visuales y la interacción.
- **Contexto**: se refiere a la convergencia del entorno social en la que está inmersa el usuario, el entorno del dispositivo en el que está situado el usuario y la tarea que se produce en ese momento.

Existe una serie de criterios y subcriterios como se muestra en la figura 2, para evaluar la experiencia del usuario, todos los cuales pueden calcularse cuantitativamente.

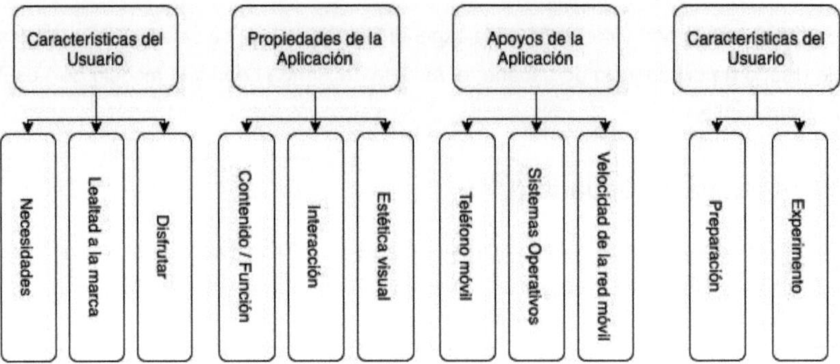

Fig 2: Criterios de Evaluación de la Experiencia de Usuario.

Diseño de Experiencia de Usuario (UXD)

El diseño de experiencia de usuario o User Experience Design (UXD) es un concepto y filosofía de diseño que engloba e incluye múltiples disciplinas diferentes, el objetivo es la creación de productos que satisfagan las necesidades concretas de los usuarios finales, tratando de conseguir la máxima satisfacción y experiencia de uso posible con el mínimo esfuerzo.

El diseño de experiencia de usuario incluye múltiples disciplinas como el diseño de interacción, arquitectura de información, diseño de interfaces de usuario, usabilidad, interacción humano computador entre otros, además, el objetivo del diseño de experiencia de usuario debe estar enfocado en las necesidades, expectativas, objetivos, motivaciones y capacidades de los usuarios.

Modelo Rodrigo Ronda León

Investigación

En esta primera fase del modelo el objetivo es poder extraer información relevante de los interesados del proyecto, en este caso son los clientes y los usuarios, la información que se extrae debe estar ordenada como un requisito o una necesidad, para esta etapa se extrae información relacionada con el proyecto, los usuarios, el contexto, los contenidos y los procesos del diseño.

A continuación, se lista los diferentes tipos de información a ser extraída:

- **Información del Proyecto**: Esta información debe reflejar claramente las necesidades globales del proyecto, el tema principal del producto a realizar, los objetivos de los clientes hacia el producto final, intención comunicativa, tipología del producto y definir de manera global a los usuarios finales.
- **Información de los Usuarios**: Esta información debe caracterizar a los usuarios, definir perfiles, necesidades, escenarios y los procesos que los usuarios realizan en sus contextos reales.
- **Información del Contexto:** Esta información debe definir las características del contexto, modelo de negocio, matriz FODA, banco de problemas, diagrama de procesos y estudio del mercado.
- **Información de los Contenidos:** Esta información debe mostrar el inventario de recursos de información del producto también deben realizarse los mapas de conceptos y los mapas de contenidos.
- **Información del Proceso de Diseño:** Esta información debe mostrar la estrategia de trabajo, recursos de trabajo y la planificación del tiempo de trabajo.

Organización

En la segunda fase del modelo el objetivo es la estructuración de la información que fue obtenida en la etapa previa, esta tarea debe ser realizada por un profesional con el fin que se organice la información con criterios científicos y técnicos.

En esta segunda fase las tareas a realizar son las siguientes: estructurar las necesidades de los usuarios, generar un esquema de la jerarquía de las temáticas y contenidos, alinear las necesidades de los clientes y los usuarios, definir los flujos reales y su contraparte en el software.

Las salidas de esta etapa serían diagramas y anotaciones

Diseño

En la tercera fase del modelo el objetivo es generar los diseños que cumplan con los requisitos técnicos, estos diseños deben ser comprensibles para los usuarios, clientes y los miembros del equipo.

Las tareas para esta tercera fase son las siguientes: definir la estructura del producto, diagramas de funcionamiento, diagramas de presentación, servicios y funcionalidades, prototipos de bajo y alto nivel.

Las salidas de esta etapa serían diagramas digitales, prototipos e informes del producto.

Prueba

En la cuarta fase del modelo el objetivo es comprobar las propuestas de diseño, para esto se realizan una serie de pruebas con usuarios y clientes con el fin de que estos puedan validar si los objetivos y necesidades planteados fueron satisfechos. Las tareas para esta etapa final son: pruebas de prototipos, revisión de diagramas, comprobación de la robustez y la comprensión de los servicios diseñados

Técnicas

Estas técnicas no son un componente del modelo, más bien, estas nos ayudan a realizar las distintas tareas en cada una de las fases del modelo, estas técnicas son de uso frecuente por los equipos de diseño, las siguientes técnicas pueden ayudar a realizar la mayoría de tareas específicas para cada fase, estas son:

- **Técnicas para el Proceso de Diseño:** reunión, observación, entrevistas, encuestas, revisión bibliográfica, consultas a expertos y mapeo.
- **Técnicas para la búsqueda de información:** lluvia de ideas, crítica de diseños pasados, diseño participativo, escenarios, personas, análisis competitivo y análisis de frecuencia de texto.
- **Técnicas para la organización:** agrupación, organización de tarjetas, secuencia, tabulación de contenidos y la validación de términos.
- **Técnicas para el diseño del producto:** diagramación en papel, etiquetado diagrama de funcionamiento, diagrama de organización, diagrama de presentación, prototipo digital.
- **Técnicas para probar los diseños:** crítica de diseño con usuarios y clientes, monitorización visual, pruebas con usuarios, evaluación heurística, mapeo de clics.

Modelo Yusef Hassan Montero

El diseño web centrado en el usuario se caracteriza principalmente por llevarse a cabo desde su inicio hasta su culminación teniendo en cuenta al usuario, es decir asumir que este está conduciendo todo el proceso de diseño y desarrollo, priorizando sus necesidades, características y objetivos. Esto implica que en el proceso de desarrollo conocemos todas sus necesidades, para que usan el sitio e incluso para testear junto al usuario y así investigar cómo reaccionan ante el diseño, innovar en nuevas soluciones de acuerdo a los objetivos planteados, cada paso que se da siempre se debe tener en cuenta la experiencia de usuario.

A continuación, se muestra una representación del proceso de diseño propuesto por Yusef Hassan Montero, este se divide en distintas fases tanto complementarios como iterativos, ver la figura 3:

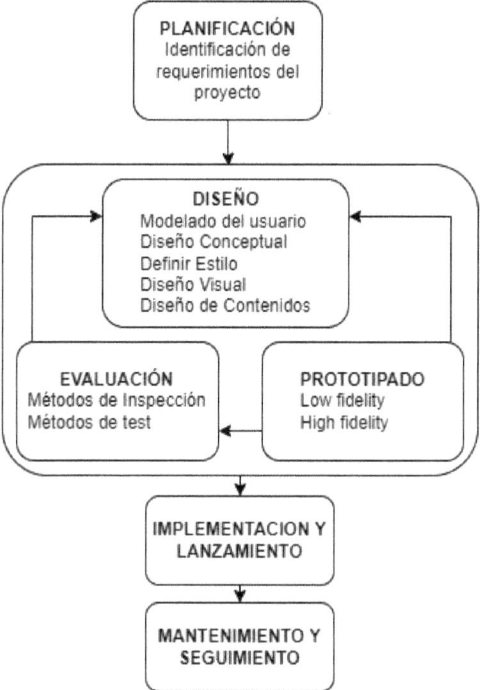

Fig 3: División de la Interfaz de Usuario.

Planificación

Esta etapa se basa en obtener toda la información posible del cliente, es decir indagar sobre cada actividad que este realice y plasmarlo en un documento, una vez obtenida esta información se procede a analizarlo con el objetivo de tener una base sólida en la que se basen los posibles diseños en las próximas etapas.

Diseño

En base a la etapa anterior, se toma en cuenta toda la información obtenida para desarrollar los diseños, además de tener en cuenta los problemas de usabilidad descubiertos en la etapa de prototipado y testeo. Esta etapa puede ser iterativa ya que de la etapa de prototipado y testeo se vuelve aquí, para mejoras.

A continuación, se lista distintos tipos de diseño para esta etapa:

- **Modelado del usuario:** El modelado del usuario consiste en la generación de perfiles que se ajusten más a cada tipo de audiencia y se clasifican según su información. Es aquí donde se define a los usuarios del sistema desde su nivel de uso y manejo de información.
- **Diseño conceptual:** El diseño conceptual se basa en definir un esquema de la organización, en otras palabras, la arquitectura de la información que este maneja y su navegabilidad. Aquí no se define la apariencia que va a tener, sino que se centra en los conceptos de la propia página o sistema.
- **Diseño visual y definición del estilo:** Aquí definimos el diseño visual, principalmente se evita tener una carga de información donde al usuario muchas veces los espanta. Se debe realizar diseños más que impongan atracción al usuario final y que a su vez represente toda la información necesaria para el usuario.
- **Diseño de contenidos:** Este tipo de diseño busca mantener un equilibrio entre los textos y la hipermedia para no generar desorden y sobrecarga en la página o sitio web.

Prototipado

El prototipo se basa en la elaboración de diversos modelos de la interfaz de la página web. Este no tendrá toda la funcionalidad o aspecto final del sitio web, pero basta para poder ser presentado y evaluar funcionalidades como también la navegabilidad sin tenerlo implementado.

Evaluación

La evaluación se toma en base a los prototipos generados, se evalúan diferentes aspectos como navegabilidad, usabilidad, e incluso el diseño visual junto con las imágenes. Toda la evaluación debe basarse en el usuario.

A continuación, se define dos métodos para esta etapa:

- **Método por inspección:** La Evaluación Heurística es un tipo de evaluación que se caracteriza por llevarse de forma rápida, consiste en presentar el prototipo en un determinado número de evaluadores, cada uno de ellos lo evaluará de forma independiente y sus resultados al final son contrastados con los demás.
- **Método de test con usuarios:** Se presenta el prototipo a un grupo de usuarios finales y se anota toda observación que estos den e incluso problemas que tengan en la usabilidad. Una vez obtenido todo el feedback posible se pasa a solucionarlos.

Implementación y lanzamiento

En esta etapa se debe implementar un sistema de calidad donde se lleve control de cada proceso en el desarrollo asegurándonos que este responda según lo planificado.

Mantenimiento y seguimiento

Los cambios en el diseño no deben ser drásticos ya que la mayoría de los usuarios estarán ya acostumbrados al diseño original. Estos ajustes sólo son necesarios si existe algún tipo de error que haya surgido en la usabilidad o funcionalidad.

Se debe prestar atención a los siguientes puntos:

- **Comportamiento del usuario:** Cuando se lanza a producción el sitio web, dependiendo del tiempo y uso que se le dé, obtendremos una nueva fuente de información para poder mejorar.
- **Opiniones y observaciones de los usuarios:** Información obtenida de los clientes todo el feedback posible.

Capítulo III
Design Thinking

En este capítulo detallamos las diferentes fases y etapas de Design Thinking, así como también las herramientas y aplicaciones en la vida real. Al final del capítulo se presentan cuatro modelos de los cuales de Design Thinking detallando sus fases y/o procesos.

Design thinking

Design Thinking (DT) que traducido al español significa "Pensamiento de Diseño", el cual es mucho más conocido con su nombre en inglés, como el nombre lo dice, significa pensar como un diseñador, estos tienen la misión de transformar la manera de desarrollar procesos, productos y servicios.

Design Thinking es una forma de solucionar problemas disminuyendo riesgos y aumentando posibilidades de éxito, tiene como objetivo satisfacer las necesidades de las personas, en base a esto, observa, crea prototipos, y los prueba. Conecta diferentes disciplinas como la ingeniería, marketing, diseño, psicología, entre otros con el fin de dar una solución humanamente deseable, técnicamente viable y económicamente rentable.

Design Thinking es una forma de pensar, consiste en creer que, mediante técnicas, podemos destacar y tener un proceso intencional para obtener soluciones nuevas e innovadoras que produzcan un impacto positivo. Design Thinking da fe en habilidades creativas y en el proceso para convertir retos complicados en oportunidades para el diseño.

En un sentido más amplio, el Design Thinking se refiere al "estudio de los procesos cognitivos que se manifiestan en la acción del diseño", y por lo tanto indica un enfoque de investigación general independiente de lo que dominen los paradigmas de diseño.

Fases y Etapas

Etapas

Las etapas del proceso de Design Thinking no son lineales, como normalmente se aplican en procesos de negocios, deben cumplir con tres etapas:

- **Inspiración**: Etapa donde se observa el terreno en su estado natural.

- **Ideación**: Etapa donde se crea, desarrolla, progresa y se testean las ideas que nos pueden llevar a posibles soluciones, además se diseñan y plantean los prototipos.
- **Implementación**: Etapa donde se realiza el proyecto, se producen las estrategias de comunicación y se buscan feedbacks que nos brinden información de cómo podemos mejorar las soluciones aportadas.

Fases

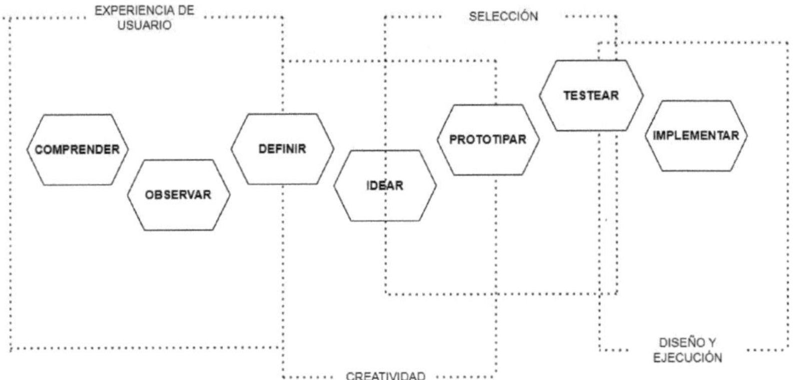

Fig 4: Fases de Design Thinking.

1. **Comprender**: En esta fase entendemos y conceptualizamos el problema de la mejor forma posible, lo analizamos y tratamos de comprender lo que hacen los usuarios a quienes va dirigido la innovación. En esta fase es importante relacionarse con los usuarios reales. Tenemos las siguientes preguntas que pueden ser utilizadas como guía: ¿Cuál es el problema del negocio?, ¿Dónde está la oportunidad?, ¿Qué ha cambiado o cómo podría hacerlo?

2. **Observar + Empatizar**: En esta fase nos basamos en la observación y las circunstancias alrededor del producto, para así empatizar con el usuario. La necesidad del usuario es el punto de partida. Observamos lo que hace el usuario mas no lo que dice, un claro ejemplo sería grabar al usuario, mostrar lo que hace en su vida diaria para saber qué es lo que observan. Las preguntas utilizadas como guía pueden ser: ¿Qué?, ¿Cómo?, ¿Por qué? Las cuales nos brindan información para definir el problema y ofrecer soluciones. Conocer a fondo la

empatía, nos ayuda a entender mejor el Design Thinking y para ser empáticos, la Universidad de Stanford nos dice que debemos de tener tres acciones:

- **Observa:** Observa cómo se desenvuelve el usuario en su día a día, cuál es su comportamiento.
- **Júntate:** Comunícate directamente con el usuario, conócelo a fondo.
- **Sumérgete:** experimenta lo que el usuario experimenta.

3. **Definir**: En esta fase examinamos todas las posibles alternativas que ofrecen una solución al problema, sin descartar ninguna opción, así sea la más obvia o absurda, se trata de predecir lo que viene, no lo que ya hay. Es imprescindible conocer cómo comunicar el proyecto, tanto en la fase de definición como en las fases de generación de ideas o presentación de prototipo. Una de las herramientas que podemos utilizar para ello son los mind maps, conceptual maps, mood boards o storytelling.

4. **Idear**: En esta fase creamos y evaluamos los conceptos que nos dieron en la fase de definición, para que podamos resolver nuestro problema. Es la fase donde se genera el mayor número de ideas con posibles soluciones a nuestro proyecto. El problema es nuestro principal objetivo, pero no se debe juzgar tempranamente. Las preguntas que nos pueden ayudar a generar un mayor número de ideas, pueden ser: ¿Qué solución o soluciones son las más obvias? ¿Qué se puede modificar a estas soluciones iniciales? ¿Como un niño podría solucionarlo? ¿Cómo se solucionaría si se tienen poderes sobrenaturales?

5. **Prototipar**: Esta fase es una de las más importantes, en esta fase se construye de una forma rápida el posible producto o servicio construyendo bocetos, maquetas, modelos de espuma, etc. El prototipo es una oportunidad para fallar rápido, fallar pronto y fallar barato, si realizamos un proyecto que está casi perfeccionado, generamos menos oportunidades para que se cuestione, sin embargo, al tener un prototipo al 20% es más propenso a escuchar otras opciones, con esto el usuario puede preguntar y opinar.

6. **Testear**: En esta etapa se repite el ciclo de escuchar la opinión del usuario usando el prototipo, hasta tener mayor información, en cada ciclo se modifica y mejora hasta llegar a un diseño final. Esta etapa es fundamental debido a que los cambios se realizan directamente a algo tangible donde el producto ya existe, y no sobre algún dibujo en papel donde no se puede interactuar.

7. **Implementar**: En esta etapa se elige la mejor opción con fundamentos probados, se hace lo necesario para que el producto sea implementado en el lugar o escenario donde se supone que estará en contacto con los usuarios.

Herramientas

Las herramientas de Software que ayudan a DT:

- **Personas**: El método de persona ayuda a identificar las necesidades y deseos del usuario. Una persona es "una representación de usuario que pretende simplificar la comunicación y la toma de decisiones del proyecto mediante la selección de reglas del proyecto que se adapten a las propuestas reales" (Smaply).

- **Stakeholder Map**: Un mapa de partes interesadas sirve para representar distintos grupos que participan en un servicio particular, los Stakeholders pueden ser agrupados por sus intereses comunes, lo que permite al proveedor de servicios desplegar sus recursos de manera más eficaz al responder a los problemas. (Stakeholder Circle).

- **Customer Journey Map:** Un mapa de viaje del cliente (CJM), que se originó a partir de la técnica del blueprinting del servicio, describe una colección de puntos de contacto desde el principio hasta el final de la prestación del servicio, como se ve desde el punto de vista del cliente. Un punto de contacto se define como "una instancia o un punto potencial de comunicación o interacción entre un cliente y un proveedor de servicios". El CJM ayuda a identificar oportunidades para la innovación del servicio y áreas problemáticas para la mejora del servicio. (Touch-point Dashboard)

- **Service Blueprint**: Plantilla que muestra los pasos y flujo del servicio, roles y procesos (Creatly).

- **Business Model Innovation**: Para explorar las oportunidades de mercado (Strategyzer).

- **Rapid Prototyping**: Mockups (Axure RP).

Aplicaciones

- **Design Thinking para Educadores**: Existen varios desafíos en que profesores y colegios enfrentan, estas se focalizan en el diseño, desarrollo de experiencias de aprendizaje, entornos de aprendizaje, programas y experiencias escolares, y las estrategias del sistema, objetivos y políticas

Quienes están encargados de estos desafíos generalmente es un equipo del ministerio, quienes se encargan de los retos más difíciles. En otras ocasiones, estos desafíos son tomados desde el mismo colegio con un grupo especializado encargado de este proceso, y otras veces son los maestros quienes toman este papel importante, que son la base del cambio para que la mejora suceda.

- **Design Thinking integrada para Software Agile**: Existe un estudio de Pereida que tiene como objetivo evaluar cómo se integran el enfoque Design Thinking junto con el Agile Software Development (ASD).

  El uso de un enfoque DT promueve y ayuda a la comunicación entre los equipos de desarrollo de software y los clientes a lo largo de todo el proyecto de desarrollo de software. Se observa que en algunos casos la calidad del software aumenta significativamente y que se percibe la satisfacción de los usuarios o clientes del software. Los aspectos del enfoque DT se caracterizan por la empatía, la definición y la rápida creación de prototipos. Esto es crucial para un estrechamiento entre el equipo del proyecto y los destinatarios del resultado del proyecto, en este caso, el software desarrollado, verificando tanto factores técnicos como no técnicos. El hallazgo de un número limitado de artículos que presentan hallazgos empíricos rigurosos puede respaldar la recomendación de estudios futuros sobre la adopción de la DT integrada a el ASD, especialmente porque los autores sólo mencionan el modelo.

- **Design Thinking para la búsqueda de Interfaces de Usuario**:

  Hay una propuesta de proceso de Design Thinking para la búsqueda de interfaces de Usuario el cual sigue los siguientes pasos:

  - **Entender**: el problema
  - **Observar**: futuros problemas, casos extremos.
  - **Definir**: interpretar el conocimiento de los pasos anteriores.
  - **Idear**: usar técnicas creativas comunes y no comunes.
  - **Prototipar**: visualizar y comunicar ideas con la ayuda de prototipos que son rápidos y baratos.
  - **Testear**: usuarios futuros podrán probar estos prototipos.

En esta propuesta se cree que el DT puede y debe incorporarse en cualquier posible etapa de un ciclo de desarrollo, los prototipos de diseño de interfaz son extraordinariamente fáciles de fabricar y cuestan casi nada.

Se sugiere también aplicar el proceso DT más de cerca al desarrollo de interfaces de usuario de búsqueda para beneficiarse de sus muchas ventajas, especialmente. para forzar el ritmo de la innovación.

Modelos de Design Thinking

En el Design Thinking existen diversos modelos aplicados a cualquier área, pero en este libro solo analizaremos tres los cuales se asemejan bastante a nuestro objetivo que es aplicarlo a la interfaz de usuario en el mundo de sistemas. Estos tres modelos son sacados de la literatura hasta ahora existente, resaltaremos las similitudes, características y cómo se relacionan con el problema a resolver que conduce a la creatividad y la innovación.

Modelo Convergente Divergente

Para entender este modelo primero definiremos el pensamiento convergente y el pensamiento divergente.

El pensamiento convergente es un tipo de pensamiento donde se busca dar soluciones a los problemas de forma lógica y ordenada, o de dar respuestas a preguntas con información disponible, siempre basándose en evidencia. Es un pensamiento que cumple con una serie de pasos concretos y convencionales, enfocados en encontrar siempre una solución determinada.

El pensamiento divergente es más abstracto donde se utilizan diferentes técnicas para obtener ideas como posibles soluciones de problemas nuevos, este pensamiento impulsa la creatividad gracias a la forma de pensar diferente, es útil en procesos que requieren una solución totalmente nueva que a su vez responden a problemas nuevos.

Con las definiciones de cada tipo de pensamiento este modelo se centra en la asimilación de estas dos para encontrar soluciones que sean las más acertadas ante un problema. El cerebro humano no es capaz de divergir y converger al mismo tiempo, es por eso que se mantiene separado de cada fase, haciendo que en una sea divergente y en otra sea convergente,

Este modelo indica que la indagación en el Design Thinking de ingeniería implica tanto una dimensión divergente en la que se hacen preguntas de diseño para crear, sintetizar, y expandir conceptos, y una dimensión convergente en el que se analizan, evalúan conceptos, reducen y valida preguntando sistemáticamente preguntas de razonamiento profundo como se visualiza en la figura 5.

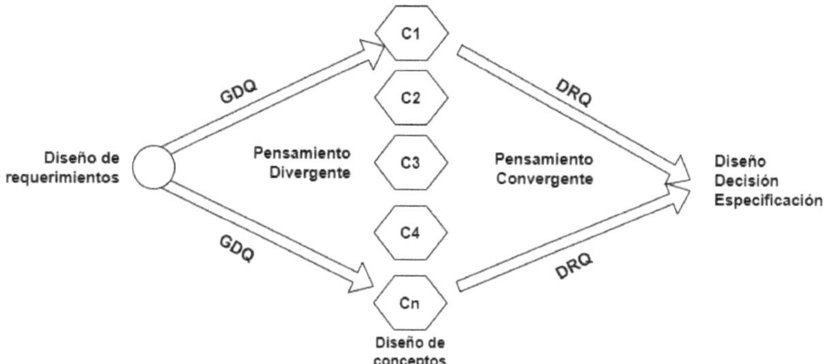

Fig 5: El modelo DCIDT ilustra la transformación de requisitos en conceptos a través de Preguntas de diseño generativo (GDQ), y la transformación de esos conceptos en especificaciones mediante preguntas de razonamiento profundo (DRQ).

Modelo Presentado por Dunn y Martin

Dunne y Martin distinguen el Design Thinking para diseñadores en base a su pensamiento, como es que los diseñadores piensan, mediante procesos mentales que utilizan para diseñar objetos, servicios o sistemas, a diferencia del resultado final de productos elegantes y útiles.

A diferencia de los gerentes, cuyo flujo de trabajo es centrado en asignaciones permanentes y en curso, los diseñadores trabajan sobre la base de un "proyecto", donde el proyecto tiene una fecha límite específica y, una vez finalizado, desaparece de la vista los firmantes, como resultado, están acostumbrados a formar equipos ad-hoc y colaborando para un propósito específico. Ven el desarrollo de su carrera como una acumulación de los proyectos en los que trabajan en lugar de que la progresión a través de los niveles de una jerarquía. La idea de problemas fue originalmente desarrollado por Horst Rittell en la década de 1960 y describe una "clase de problemas del sistema social que están mal formulados, donde la información es confusa, donde hay muchos clientes y tomadores de decisiones con valores en conflicto, y donde las ramificaciones en todo el sistema son completamente confusos".

Mientras que los gerentes evitan trabajar en problemas porque su fuente de estatus proviene de otros lugares, los diseñadores abrazan estos problemas como un desafío. Para abordar los problemas basados en proyectos, Martin afirma que los diseñadores han desarrollado una forma de pensamiento que es distinta del pensamiento de gestión convencional. En una entrevista realizada en su investigación, discute tres aspectos del Design Thinking:

- **Aspectos cognitivos:** En design thinking incluye razonamientos inductivo, deductivo y abductivo. Donde el razonamiento inductivo es la representación generalizada de premisas específicas mientras que el razonamiento deductivo se basa en el análisis de premisas lógicas infiriendo sobre ellas. En opinión de Martin, los programas proporcionan a los estudiantes tanto inductivos y razonamiento deductivo, pero subestiman el razonamiento abductivo. Charles Pierce describe la lógica abductiva como "El proceso de formación de una hipótesis explicativa. Es la única operación lógica que introduce cualquier idea nueva."

- **Aspectos actitudinales:** Martin sostiene que la actitud de un diseñador frente a las limitaciones y/o restricciones es de manera muy positiva a comparación del pensamiento gerencial, es decir un diseñador toma estas restricciones y lo adopta a posibles soluciones creativas. A diferencia del pensamiento gerencial las limitaciones se ven como una barrera indeseable para la generación e implementación de ideas.

- **Aspectos interpersonales:** Martin pone énfasis en la empatía con otros como parte del proceso de diseño. Un diseñador trabaja con otras personas en dos niveles: Primer nivel, Comprender las perspectivas de los usuarios y sus necesidades, donde la observación y la reflexión proporcionan información sobre la experiencia del usuario; Segundo nivel, Colaboración con compañeros, en este nivel se rechaza la defensa intransigente de la propia posición en favor del desarrollo del entendimiento mutuo. Este modelo se basa en 4 actividades como se muestra en la figura 6:

  - **Abducción:** En este modelo, la actividad de la abducción se centra en la generación de ideas.
  - **Deducción:** En esta actividad esas ideas generadas en la abducción se analizarán para predecir las posibles consecuencias.
  - **Prueba:** En esta actividad se probarán todas las predicciones o ideas generadas en la actividad anterior.
  - **Inducción:** El resultado válido de las pruebas se generaliza.

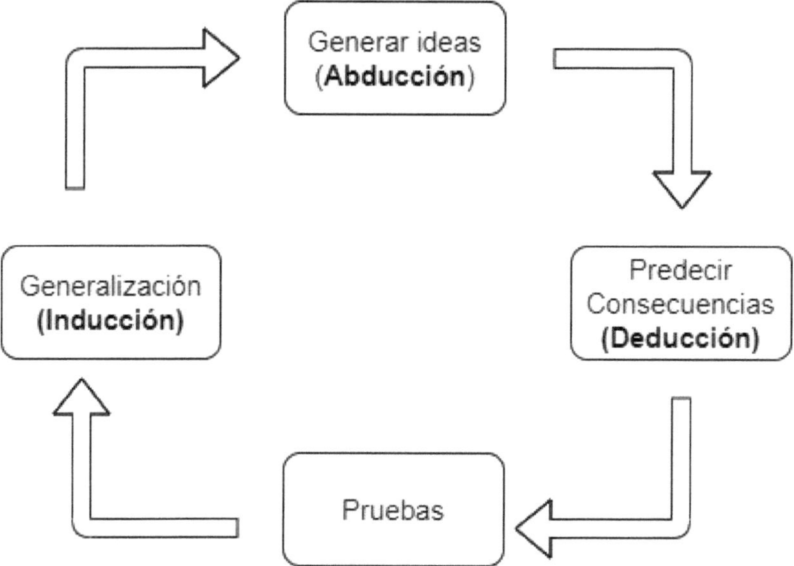

Fig. 6: Modelo de proceso de Design Thinking planteado por Dunn y Martin

Modelo Presentado por Brown

Este modelo detalla cómo el Design Thinking ocurre en tres espacios, y en cada uno de estos hay una serie de subactividades, que son descritas como un sistema de actividades en vez de una serie de pasos ordenados, los espacios superpuestos son; inspiración, ideación e implementación.

A continuación, se enumera cada espacio que se muestra en la figura 7.

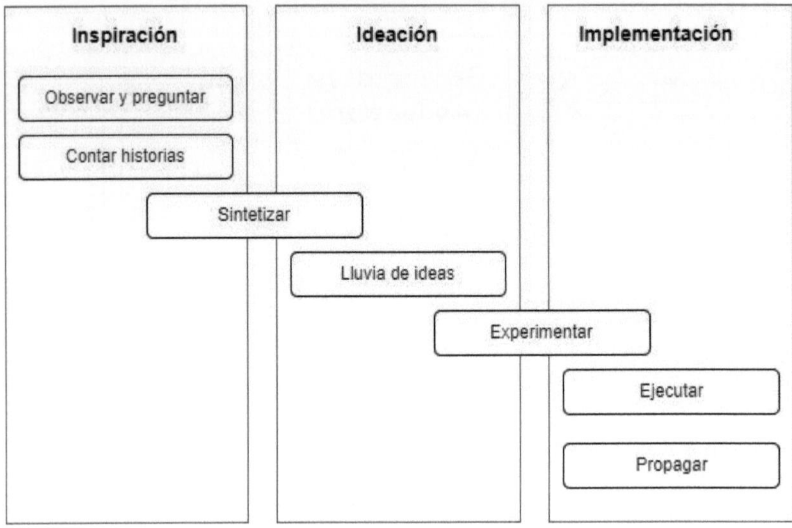

Fig. 7: Proceso de DT por Brown (Basado en IDEO)

1. **Inspiración:** Se hace énfasis en dos puntos; la comprensión del problema y la observación, como por ejemplo: cómo se usa el producto, como se desarrolla el servicio, etc. Una buena comprensión del problema se reduce a casi el 90% de la solución, este debe estar bien planteada, de lo contrario se puede generar soluciones a un problema que no es real y la razón es muchas veces que no se dedica mucho tiempo, y también por encontrar una solución rápida se generan estos errores. El primer punto se complementa con la observación, muchas veces los mismos usuarios y/o clientes no saben explicar sus procesos por lo que es altamente recomendable observar e investigar bien estos mismos, una vez se tenga claro el proceso se procede a corroborar con el usuario. Siguiendo estos dos puntos podemos estar listos para poder generar soluciones.

2. **Ideación:** En este espacio es donde cada actividad se basa en la generación de ideas, actividades, opciones y recoger cada una de estas que están dirigidas a la solución del problema. En este espacio es donde sucede los mayores errores de las empresas, principalmente de las pequeñas empresas, ya que es el propio empresario el que pretende tener todas las respuestas para todo lo que ocurre en el proceso de sus actividades, si bien es cierto conocen la mayor parte y son el punto clave, para encontrar una solución al problema, lo ideal es generar diferentes alternativas donde se implique el proceso de cada agente interno o

externo. Cuantas más ideas mejor, por entonces seguro que será más fácil identificar una buena idea. Aquí entran en juego nociones como co-crear o colaborar. Toda idea generada no es mala, uno de los objetivos del DT es explorar todas las ideas posibles ya que mayormente las soluciones más efectivas salen de ideas menos pensadas.

3. **Implementación:** Este espacio es ideal para todo el proceso de Design Thinking ya que es necesario prototipar una posible solución donde se pueda realizar diferentes pruebas y obtener observaciones a corregir lo más antes posible, así la solución va mejorando, este proceso es iterativo y por cada iteración se alcanza una solución más óptima, a esto lo llamamos divergencia hacia la solución.

Modelo descrito por Growth

En el libro "Designing for growth" se desarrolla el proceso de Design Thinking por medio de cuatro preguntas, que a su vez se definen como ciclos. Cada uno de estos ciclos busca contestar una pregunta en específico, es más fácil responderlas con ayuda de herramientas como por ejemplo mapas mentales, para conceptualizar el problema, bocetos para mostrar un primer prototipo, etc.

A continuación, se enumera cada pregunta y algunas herramientas que podemos usar.

1. **¿Qué es?: Cada** que atendemos un problema en búsqueda de una solución o simplemente hablar de innovación, tanto desarrolladores, diseñadores e incluso los mismos clientes, se sienten con la tentación de "Plantear" ideas con la poca información que se tiene. Design Thinking nos dice que lo primero que debemos hacer es estudiar el entorno, la realidad y a aquel para el que estamos diseñando una solución. En esta etapa debemos recopilar toda la información posible y estudiarlo para así determinar de forma clara y concisa nuestro objetivo y problema a resolver.

   - **Journey Mapping:** Se trata principalmente de entender al cliente desde su propia experiencia. Para lograr esto se busca plasmar todo el proceso del mismo cliente que realiza ciertas actividades y durante ese proceso definir los puntos de contacto, como por ejemplo el usuario ingresa a la tienda, el usuario realiza una compra, el usuario realiza un pago, etc, se hace énfasis en estos puntos de contacto y se procede a definir cómo es realmente. En otras palabras, se realizan dibujos de manera literal de todo el recorrido que el usuario experimenta.

- **Value Chain Analysis:** Con esta herramienta se hace mayor énfasis en los puntos de contacto que se definió con la herramienta anterior, en cada punto de contacto se realizan diferentes actividades que reflejan al cliente en ese momento. Esto es la cadena de valor de lado de la empresa y es un ejercicio que sirve para determinar y/o definir las fortalezas con el mismo cliente.

- **Mind Mapping:** Desde un principio se obtiene toda la parte divergente ya sea plasmado en dibujos y reflejando el proceso en cada punto de contacto, obtenida con las dos herramientas anteriores se reduce a la parte divergente de todo el proceso en general obteniendo información amplia y contundente para lograr una empatía real. Una vez bien definida toda la información este debe verse reflejado en un conjunto de requerimientos de diseño. Es aquí donde los mapas mentales son excelentes para agrupar toda la información convergente, como son temas centrales, conclusiones, definiciones, etc.

2. **¿Qué tal sí?:** Esta pregunta se traduce a diversos supuestos, es decir es la etapa donde generamos ideas que a su vez se traducen a posibles soluciones. Se debe tener en cuenta que cada idea generada nació desde un punto de vista empático y que todo es una posibilidad. A continuación, nombraremos algunas herramientas que nos ayudan a plasmar estas ideas:

- **Lluvia de ideas:** Es una herramienta donde todos los implicados en el diseño brindan sus posibles soluciones mediante ideas, entre más ideas generadas mejor. En esta parte divergente se logra conseguir muchas alternativas que se traducen a posibilidades para solucionar e innovar ante un problema. En esta etapa se debe tener en cuenta toda la información anterior generada en la pregunta anterior para que las ideas o alternativas tengan una base firme y empática.

- **Desarrollo de conceptos:** Es una herramienta donde se toma todas las ideas generadas para su selección, es decir todas estas ideas convergen en conceptos que se ajusten más a los requerimientos de diseño. Se trata de escoger unas posibles soluciones ya más reales y que cumplen con las características obtenidas en la información, y de nuevo que cumplan con la parte empática con el cliente.

3. **¿Qué maravilla?:** Esta pregunta es la más bonita e importante, ya que es aquí donde se presentan a las ideas ganadoras y donde el cliente tiene el primer contacto con las soluciones, aquí es donde el propio cliente se maravilla de lo que presentamos. A continuación, presentamos dos herramientas que se pueden usar de manera independiente o conjunta:

   - **Comprobación de Supuestos:** Todos los conceptos seleccionados anteriormente son básicamente supuestos, hipótesis que requieren ser validados. En este punto esta herramienta se basa en realizar pequeños experimentos para presentar los supuestos de acuerdo a los requerimientos a los propios clientes y así validarlos dejando en claro lo que se quiere llegar a hacer.
   - **Prototipado Rápido:** El prototipado es una herramienta bastante útil para representar mejor nuestras soluciones de manera rápida, y poder entablar una conversación con el mismo cliente para que tenga en claro y de forma tangible la solución. El detalle de esta herramienta es que ya se debe tener en mente que estamos prototipando la posible solución ganadora o de nuestras soluciones más importantes, ya que no es posible prototipar todas las soluciones planteadas.

4. **¿Qué funciona?:** Una vez planteadas las propuestas a los clientes, estas deben ponerse a prueba para garantizar la impresión causada al cliente con la pregunta anterior. En esta pregunta la respondemos con dos posibles actividades:

   - **Co-creación con el cliente:** En esta etapa se presenta el prototipo al cliente, pero teniendo en mente una etapa de aprendizaje, durante la presentación debemos aceptar todo feedback del cliente para modelar mejor los conceptos que presentamos. Se define como co-creación ya que esta presentación debe ser iterativa, cada observación se debe corregir y volver a presentar hasta que se llegue a la aprobación de los mismos clientes.
   - **Lanzamiento de Aprendizaje:** Una vez con el concepto más prometedor o podríamos llamarlo con la solución más prometedora, se lanza este al mercado con los usuarios finales, esto se debe hacer de forma controlada para obtener algunas observaciones y poder corregirlas de manera inmediata, ya que estaremos con una visión más real, con esto

anticipamos los posibles eventos que puedan ocurrir en el lanzamiento a
gran escala.

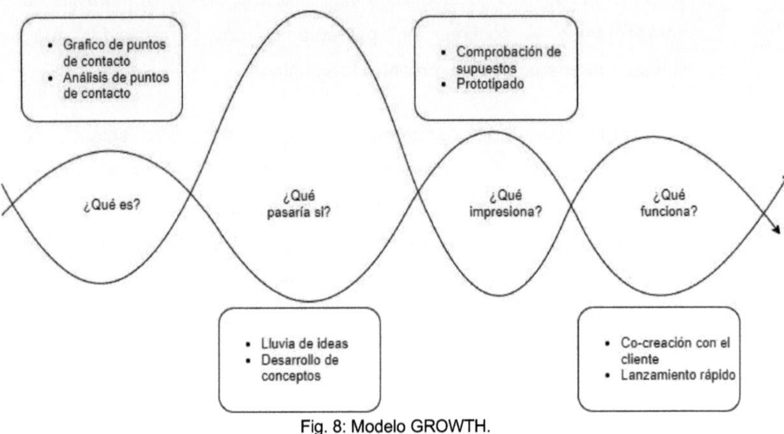

Fig. 8: Modelo GROWTH.

Capítulo IV
Design Thinking aplicado al Diseño de Experiencia de Usuario

Para que el lector pueda tener un marco de referencia con el cual pueda acompañar de forma práctica los procesos de Design Thinking aplicado al Diseño de experiencia de usuario, en este capítulo se presenta el modelo de Diseño de experiencia de usuario basado en Design Thinking la cual consta de 5 etapas y cada etapa tiene entradas y salidas (documentos, diagramas, informes, etc.). Al final del capítulo se detallan aplicaciones en la vida real donde se aplica o ha aplicado Design Thinking al diseño de experiencia de usuario, así como una lista de empresas que ya la han aplicado.

Design thinking aplicado a diseño de experiencias de usuario

El problema que se busca resolver en la parte de diseño de experiencia de usuario, es que el diseñador no conoce si el usuario encontrará amigable la interfaz propuesta, es por eso que Design Thinking es una de los métodos más usados, con la misión de ponerse en la posición del usuario final y así explorar lo que una interfaz podría hacerle sentir, si esta será fácil de usar, si esta le brinda información relevante u otros factores que hacen que una interfaz de usuario sea exitosa.

Una vez dado el problema, uno de los actores principales es el diseñador, ya que este es el responsable de generar la interfaz según la investigación realizada, para esto se define 5 pasos básico para llegar a un diseño final que se pueda mostrar al usuario.

En esta sección vamos a aplicar Design Thinking a cada uno de los pasos de creación de experiencia de usuario con el propósito de mejorar los diseños finales, con este enfoque se procederá a explicar cada una de las fases para el diseño de experiencia de usuario ligado a una o más fases de Design Thinking.

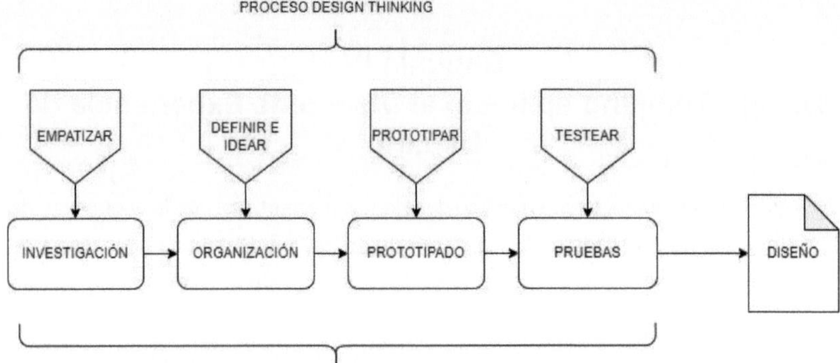

Fig. 9: Design Thinking aplicado a diseño de Experiencia de Usuario.

A continuación, se enumera las fases de DT:

1. **Investigación - Empatizar:** La fase de investigación busca recaudar la mayor cantidad posible de información mediante técnicas tradicionales, Design Thinking ofrece extraer datos mucho más cercanos a lo que el usuario necesita por medio de la empatía, es decir ponerse en el lugar de usuario final o bien acompañarlo con el fin de extraer la mayor cantidad de información, preguntarse cuáles serían aquellos funciones o estilos que le gustaría que exista en la interfaz, que haga que sea más fácil y útil al momento de usarlo

2. **Organización - Definir e Idear:** En la fase de organización el diseñador usa criterios técnicos para organizar la información obtenida, aplicando los conceptos de definir e idear de DT se plantea estructurar las la información obtenida del usuario y convertirla en un requerimiento del software, en la fase de idear mediante diferentes técnicas se busca generar soluciones a los problemas y requerimientos encontrados con el fin de plasmarlos en un diseño y estos puedan pasar a la siguiente fase de prototipado.

3. **Prototipado - Prototipar**: Como podemos observar esta fase de prototipado está muy relacionada con la fase de Design Thinking, la cual tienen el mismo enfoque de generar un prototipo que el usuario final pueda percibir y dar un feedback con el fin de corregir, añadir o eliminar ciertas características que al usuario no le causan una buena sensación

4. **Pruebas - Testear:** La fase de Pruebas también es muy similar debido que los prototipos en UX son interfaces lógicas que están dispuestas al cambio, en esta fase se realizan las pruebas del prototipo junto al usuario, es decir el usuario validará si el prototipo de diseño cumple o satisface las necesidades que se

plantearon en fases anteriores, esta fase de Design Thinking se aplica muy bien con la misma meta de buscar una mejora continua.

5. **Diseño**: Se debe recalcar que el diseño no es una fase del proceso en sí, sino más bien es el resultado de todo el proceso completo, al haber pasado por una serie de fases en las cuales se han corregido errores, añadido características y eliminado otras que no eran necesarias, al haber completado simultáneamente el proceso de Design Thinking este resultado asegura que es un diseño centrado en el usuario por la cual cumplir las necesidades del usuario planteadas está garantizado.

Modelo de Diseño de Experiencia de Usuario Basado en Design Thinking

Este modelo está basado en el proceso de diseño de experiencia de usuario y el proceso de design thinking, el modelo une estos dos procesos con el fin de generar un nuevo modelo iterativo que sirva de guía para los profesionales que requieran generar diseños enfocados en satisfacer las necesidades del usuario final.

Este modelo está compuesto por cinco etapas, cada una de estas etapas puede tener una serie de pasos que se recomienda seguir con el fin de generar uno o varios diseños finales, cada etapa también describe entradas y salidas que son los requisitos previos y el resultado de la etapa, en el siguiente gráfico muestra las cinco etapas que plantea el modelo, además se muestra su relación con las fases de Design Thinking y los caminos lineales e iterativos que el diseñador puede tomar hasta llegar a la generación de un diseño final centrado en el usuario.

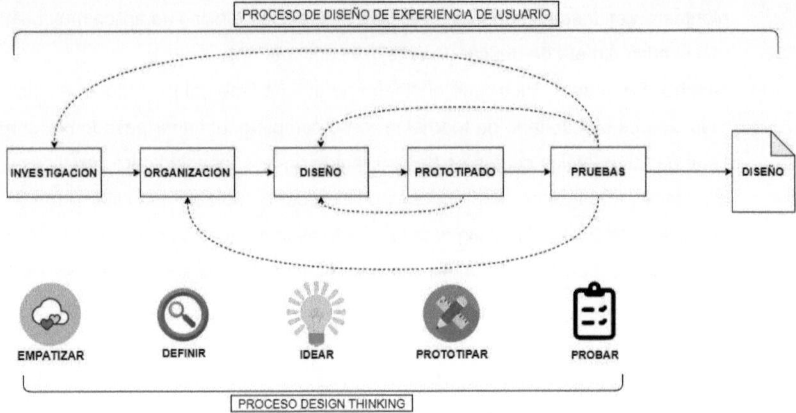

Figura 10: Modelo del proceso de Diseño de Experiencia de Usuario.

Como se mencionó este modelo es un modelo iterativo, el cual quiere decir que siempre está en busca de una mejora, aun cuando el producto final está siendo usado por los usuarios, esta interacción debe ser estudiada con el fin de mejorar la experiencia del usuario, lo cual conlleva a repetir el mismo proceso tratando de generar una mejora. A continuación, se muestran las etapas del modelo con sus respectivos pasos.

Etapa 1- Investigación

Esta etapa sirve para entender el problema y expectativas del usuario, obteniendo tanto como sea posible información del cliente, negocio y usuario final. Esto implica consultar con expertos sobre el área de interés, en el caso que exista algún tipo de duda. Una vez comprendido el problema, recién podremos resolverlo.

En esta etapa de investigación destaca mucho el papel de la empatía de Design Thinking, dejando de lado las propias suposiciones y centrándonos en el usuario y sus necesidades. Debemos trabajar con un grupo variado de usuarios, especialmente que sean de diferentes orígenes para así obtener diferentes experiencias personales. El objetivo es tratar de entender porque se comportan de la manera en que lo hacen, mas no cambiar ese comportamiento, sino acomodarlo en el producto, esta información permitirá tomar decisiones en base a un sustento sólido, evitando construir percepciones equivocadas y nutriendo el proceso con información de valor.

Las entradas y salidas de esta etapa son:

- **Entradas**: Información completa del usuario, negocio y su contexto.
- **Salidas**: Informes y Diagramas resultantes de las actividades.

Para alcanzar el objetivo de esta primera etapa, dependiendo de la información que queremos obtener, podemos realizar las siguientes actividades:

- Definir las necesidades del proyecto, temática del producto, objetivos de los clientes, definir a los usuarios y su contexto general del proyecto.
- Definir escenarios, contexto real de la actividad, necesidades y perfiles de usuarios.
- Definir el contexto de uso, modelo de negocio y estudiar a la competencia.
- Realizar mapas de conceptos (Concept Map) y de contenidos (Content Map).
- Definir la estrategia de trabajo, los recursos y el tiempo para el proceso del diseño.

Dependiendo de las limitaciones de tiempo, se recolecta una gran cantidad de información desarrollando la mejor comprensión posible del usuario.

Algunas de las herramientas que se utilizan en la etapa de investigación, pueden ser:

- **Las entrevistas:** La entrevista es una de las herramientas más útiles cuando se va a recolectar información del usuario, por esto tenemos que llegar a empatizar, en vez de solo conversar. Se debe ser cuidadoso cuando se va a tener una muestra amplia y representativa para obtener información puntual en vez de generalizaciones o anécdotas. Para llegar a tener un buen resultado en las entrevistas se recomienda los siguientes puntos claves:

  - Las mejores entrevistas se deben realizar en lo posible frente a frente, en casos que no se pueda, se puede recurrir a videollamadas, lo importante es poder visualizar al usuario.
  - No dirigir la entrevista, hacer que el usuario se exprese lo más posible.
  - No presuponer, y preguntar el porqué de las respuestas cuando lo consideremos necesario.
  - Registrar todo en notas y/o grabaciones.
  - Prestar atención a la comunicación no verbal, los gestos y los comportamientos dicen más que unas palabras, y pueden dar a conocer más cosas.

o Realizar preguntas más abiertas, para que las respuestas puedan ser más elaboradas, de esta manera se obtiene mayor información. Las preguntas también pueden realizarse en busca de historias, ya que de esta manera el usuario te contara lo que realmente piensa.

o Es importante escuchar, hacerle saber al usuario que estamos muy pendientes de lo que nos cuenta y entre en más confianza.

o Dejar silencios, de los silencios suelen salir los mejores insights, porque suelen ser frases fruto de una reflexión interna.

- **Encuestas en Línea:** A comparación de las entrevistas, las encuestas en línea nos permiten obtener información de un grupo más amplio de personas. Las encuestas en línea son preguntas de un formulario web enviadas a una audiencia. Se recomienda en lo posible que éstas preguntas sean de respuesta corta, puede tener los siguientes formatos:

  o Sí o no
  o Opción múltiple
  o Casillas de verificación
  o Opciones de menú desplegable
  o Clasificación
  o Escalas de clasificación
  o Respuestas de cuadro de texto

Éstas encuestas se pueden distribuir por medio de redes sociales mediante un link. Una vez llenadas las encuestas, se recopila la información en una base de datos para que pueda ser procesada y revisada por las partes interesadas.

- **Inmersión cognitiva:** Esta herramienta de Design Thinking es ponerse en la misma situación que el usuario, experimentando su vivencia por un determinado tiempo. Un ejemplo claro es cuando el usuario es invidente, la inmersión cognitiva sería cubrirse los ojos y experimentar esta sensación por un determinado tiempo así se conoce mejor las necesidades y obstáculos a la que se enfrenta este usuario.

- **Observación encubierta:** Conocido también como "mystery shopper", consiste en analizar a un grupo de personas sin que éstas sepan que están siendo observadas. Esto nos dará información sin sesgos cognitivos.

- **Benchmarking:** Es el estudio de la competencia u otras empresas que tengan relación con el objetivo de la investigación, con el propósito de visualizar las experiencias de éxito y fracaso, y así incorporarlas o adaptándolas al producto. Mediante esta información podemos saber lo que el usuario valora y lo que no.

Una vez realizadas las actividades necesarias para realizar la investigación requerida, la información resultante de esta debe ser documentada para que pueda pasar a la siguiente etapa de organización.

Etapa 2 - Organizar

En esta etapa el objetivo es ordenar y estructurar la información recaudada teniendo en cuenta el entorno, usuarios y el negocio, aplicando criterios científico-técnicos. En esta etapa se distinguen dos pasos, analizar y definir, en el primero se analiza la información recaudada con el fin de generar la arquitectura de la información y en el segundo paso generamos los flujos funcionales a partir de la arquitectura de información.

Las entradas y salidas de esta etapa son:

- **Entradas**: Informes y Diagramas.
- **Salidas**: Arquitectura de la información, Flujos Funcionales

Paso 1 - Analizar:

En este paso el objetivo es estructurar la información de la forma más clara y lógica posible, con el fin de construir la arquitectura de la información, que define claramente la organización y relación entre todos los componentes. La arquitectura de la información funciona como base para el trabajo de los diseñadores de experiencia del usuario.

La arquitectura de la información proporciona los recursos básicos y necesarios para estructurar la información, permitiendo que el sistema sea mucho más comprensible y fácil de usar. Mientras que la experiencia de usuarios (UX) se encarga de generar un modelo de interacción que sea agradable a la percepción de la audiencia.

La Arquitectura de la Información es la práctica de decidir cómo organizar las partes de "algo" para que este pueda ser comprensible, la arquitectura de la información tiene como misión ayudar a las personas a encontrar lo que están buscando. También tiene el propósito de aclarar el contexto en el que el usuario se encuentra.

Podemos hacer una analogía con el rubro de la construcción: para poder tener unos buenos cimientos es necesario que este sea diseñado por un arquitecto, ya que los cimientos son la base de toda la estructura, si éste falla, toda la estructura puede colapsar.

Con un producto digital pasará lo mismo: se deben definir bien los caminos o flujos que el usuario puede recorrer, de lo contrario, se pueden generar inconsistencias o incoherencias, que pueda afectar a los usuarios.

La arquitectura de la información se basa en tres grandes conceptos los cuales son; contenido, usuarios y contexto, con el fin de obtener una buena arquitectura se debe desarrollar cada uno de éstos y generar las relaciones entre ellos, existen distintas técnicas que permiten desarrollar el diagrama de arquitectura de la información, a continuación, mostramos los conceptos a tomar en cuenta a la hora de construirlo.

- **Usuarios:** aquí se debe tener en cuenta lo siguiente:
    - Necesidades.
    - Personalidad.
    - Tareas o procesos que deseen realizar.
    - Comportamiento de búsqueda de la información.
    - Experiencia de uso.
- **Contenido:** aquí se debe tener en cuenta lo siguiente:
    - Textos, gráficos, audio, vídeo, imágenes, etc.
    - Mapeo de interfaces o pantallas.
    - Taxonomía.
    - Estructura.
    - Volumen de la información.
- **Contexto:** aquí se debe tener en cuenta lo siguiente:
    - Modelo de negocio
    - Objetivos generales y específicos del proyecto
    - Tecnologías disponibles y metodologías de desarrollo
    - Recursos como el capital, personas, equipos, entre otros
    - Restricciones o limitantes.

La salida de este primer paso es la arquitectura de la información, obtenida por cualquier método o técnica, esta arquitectura es la base de la información de todo nuestro proyecto y permitirá avanzar sobre un base firme.

Paso 2 - Definir

En este segundo paso es donde se generan los flujos funcionales que sean necesarios para dar vida a un producto digital, que cubra esos objetivos que se han definido en base a la arquitectura de información y las necesidades.

Se debe definir todos los flujos funcionales que tendrá el producto digital, correspondiendo con los flujos reales de los usuarios en su contexto, estos se representan mediante diagramas de flujo que muestran de una forma sencilla los pasos que el usuario debe seguir para realizar una acción o actividad en el contexto del proceso de negocio.

El diagrama de flujo es un método de diseño centrado en el usuario que permite representar visualmente cómo se mueve el usuario en un sistema. El objetivo principal es dibujar y analizar al detalle los diferentes flujos con el fin de optimizarlos, los diagramas permiten representar los flujos funcionales.

Una ventaja de los diagramas de flujo es que son independientes del tipo de interfaz y estética, esto facilita que el enfoque sea el "cómo sucede" y no el "cómo se visualiza".

El diagrama de flujo puede ser usado en otras disciplinas. Es por este motivo que tiene una nomenclatura y elementos estandarizados que hay que respetar, a continuación, se definen algunos de ellos:

- **Círculo:** sirve para identificar el inicio y el fin del flujo
- **Rectángulo ovalado:** sirve para identificar interacciones que realiza el usuario
- **Rectángulo:** se utiliza para comunicar escenarios o estados, en el caso concreto de diseño UX suele representar pantallas.
- **Rombos:** indican que en ese momento se produce una decisión que habitualmente tiene una respuesta positiva o negativa, esto dividirá el flujo en dos
- **Flechas o conectores:** permiten identificar la dirección que sigue el flujo (habitualmente de izquierda a derecha o de arriba hacia abajo).

Al hacer un diagrama de flujo es recomendable añadir siempre una leyenda que debe explicar de forma resumida qué significa cada forma geométrica o color, a continuación, se muestra un ejemplo de diagrama de flujo en la figura 11.

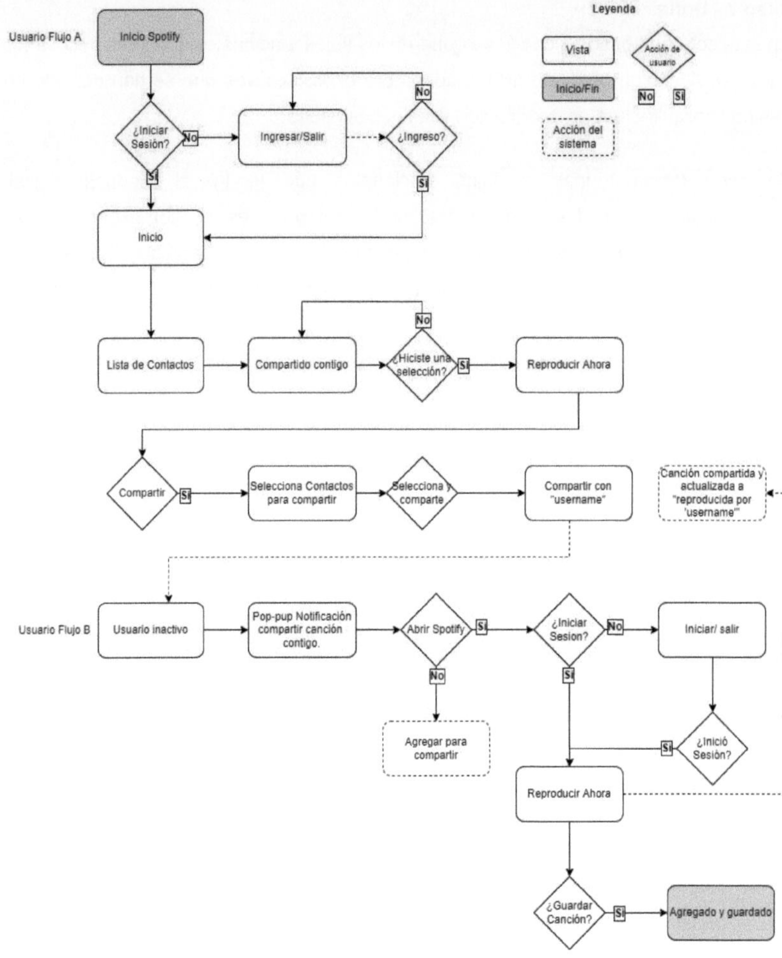

Figura 11: Ejemplo diagrama de flujo.

Más allá de ser útil para trabajar un flujo y comunicarlo al resto de personas interesadas en el proyecto, el diagrama de flujo también ayuda a diseñar bien el sistema.

Al tener representado de forma sencilla todos los pasos que sigue el usuario para completar una actividad o proceso, permiten identificar mucho mejor cuantas pantallas hay que diseñar. También te permitirá detectar cuándo es mejor mostrar alertas, estados vacíos, entre otros. Los diagramas se pueden plasmar de distintas maneras como con lápiz y papel, en una pizarra, utilizando un mural o en alguna herramienta de software.

Al culminar este segundo paso el objetivo es generar los flujos funcionales necesarios a partir de la arquitectura de información, representados mediante diagramas de flujo, estos servirán como base para la siguiente etapa de diseño.

Etapa 3- Diseño

Es la etapa donde se generan las soluciones a los problemas y/o a todos los flujos funcionales encontrados a partir de toda la información organizada, esta etapa comprende los pasos de idear y seleccionar, en el primer paso se generan la mayor cantidad de soluciones que satisfagan los flujos funcionales mediante distintos tipos de técnicas. En el segundo paso, con las soluciones ya establecidas, se empieza la filtración de soluciones, los diseños resultantes pasarán a la siguiente etapa de prototipado.

La representación de los diseños se establece en los flujogramas de navegación, este es la base para su construcción.

Design thinking nos dice que toda solución o diseño realizado debe estar basado siempre en el usuario final. Por lo que a continuación definiremos algunos de estos flujogramas principalmente enfocados al usuario:

- **Flujogramas de navegación:** Un flujograma de navegación es el flujo que representa la navegabilidad de nuestra solución o diseño, y las relaciones entre diferentes pantallas. Este documento se convertirá en el referente clave para los siguientes pasos y las relaciones entre distintos puntos de contacto, que normalmente se representan como pantallas. El flujo de navegación se usará como referente clave a los pasos de prototipado.
- **Mapas de experiencia**: Es una representación visual que ilustra el flujo de un usuario dentro de un producto o servicio, tiene como objetivos las necesidades, el tiempo invertido, pensamientos, reacciones, ansiedades, expectativas, es decir la experiencia general a lo largo de su interacción con un producto. Esto se representa mejor en una línea temporal que muestra los puntos de contacto entre el usuario y el producto, que se basan en los flujos funcionales obtenidos en la etapa anterior.
- **User Journeys**: Son una serie de pasos que se utilizan para demostrar cómo es que los usuarios interactúan con el producto o servicio, esto inicialmente y/o como mejora de cómo podría interactuar.

- **Flujo de usuario:** Es lo mismo que los user Journeys, con la diferencia que analiza más a profundidad cada interacción del cliente con el producto o servicio, se trata de analizar en un contexto amplio cada detalle de la interacción.

Las entradas y salidas de esta etapa son:

- **Entradas:** Arquitectura de la información y Flujos funcionales
- **Salidas:** Lista de Diseños, Flujogramas de navegación.

Pasos de la etapa del diseño:

Paso 1 - Idear

En este paso es donde los diseñadores o el equipo generan la mayor cantidad de soluciones que satisfagan cada flujo funcional generada en la etapa previa, en este paso se utilizan distintas técnicas para que los diseñadores puedan generar soluciones innovadoras,

A continuación, pasamos a mencionar algunos de estas técnicas:

- **Trigger Card:** Estas tarjetas permiten generar la lluvia de ideas, la pregunta clave de estas es "Que tal si ...", esto permite buscar ideas más allá de lo común, las trigger card son usadas tanto en solitario como en equipo, cada una de las preguntas en las tarjetas permiten abrir un camino sobre el cual se debería profundizar.
- **lluvia inversa de ideas**: Esta técnica es una variación de la lluvia de ideas común, el objetivo de la lluvia de ideas es buscar soluciones de cómo mejorar un proceso o producto, sin embargo en la lluvia inversa de ideas buscamos aquellos factores que podrían empeorar el proceso o producto, es decir, en la lluvia de ideas preguntaremos ¿cómo puedo mejorar la experiencia del usuario? mientras que en la lluvia inversa de ideas preguntaríamos ¿qué puedo hacer para que la experiencia del usuario sea tan mala que estos se alejen?, esta variante permite utilizar los sentimientos negativos con el fin de buscar una solución positiva.
- **Pensamiento divergente**: Esta técnica permite generar una gran cantidad de soluciones que a la vez son diferentes, todas las soluciones buscan satisfacer un mismo problema, al generar muchas soluciones del mismo problema se genera una gran cantidad de conexiones inesperadas, en teoría estas soluciones deben ser ingeniosas pero muchas veces no los son, una manera de hacer surgir este tipo de pensamiento ingenioso es mediante ejercicios de sinéctica.

- **Mapas Mentales:** Esta técnica busca esquematizar y estructurar la información de forma que esta sea mucho más fácil de comprender, esta técnica propone escribir el problema en no más de 4 palabras, relacionar otras palabras con el problema inicial y conectarlas mediante trazos de líneas, el resultado es un mapa con conexiones entre ideas que al principio no mostraban su conexión.

En este paso el fin es poder generar ideas que busquen satisfacer cada uno de los flujos funcionales definidos en la etapa anterior, todas las técnicas mencionadas u otros deben satisfacer este fin, es así que todas las ideas generadas se enlistan para que en el siguiente paso se puedan filtrar. Las ideas generadas van de la mano por cada flujo funcional, cada una de estas soluciones al juntarse generan un flujograma de navegación del diseño completo.

Paso 2 - Seleccionar

En este paso se filtra la lista de ideas generadas previamente, para poder filtrar las mejores ideas, estas se deben alinear primero a los requerimientos de un diseño de UX los cuales son:

- **La distribución de la información:** se refiere a la ubicación de la información en el diseño para que este dé a entender algo importante, se debe usar con pocas palabras pero que resalten lo que quieren comunicar.
- **La usabilidad:** Se refiere a la facilidad con que el usuario final puede utilizarlo sin necesidad de pasar por un aprendizaje repetitivo.
- **El diseño de la presentación:** Es el concepto de llamar la atención de lo que se ofrece inicialmente dando a conocer el producto o servicio.
- **La interacción:** El diseño debe responder a las necesidades del usuario mediante respuestas bien claras y dar a conocer los siguientes pasos, para que el usuario pueda completar su acción sin ningún inconveniente.
- **El diseño de interfaz:** Para complementar la interacción con el usuario, la interfaz con la que se comunica juega el papel más importante, debe ser clara, concisa y bonita. Muchas veces se incluyen pequeños efectos de animación para llamar más la atención del usuario.

Los diseñadores u otro equipo que entienda del problema, deberían poder evaluar cada diseño y representar todas las estructuras posibles de los contenidos, en correspondencia a las necesidades de usuarios, propósitos del negocio y contexto de uso.

Cada idea filtrada debe ser analizada de acuerdo a cada flujo funcional, debe responder a esa función. Cada una de las soluciones pueden ser más óptimas que otras, donde se diferencia es en el proceso con el que se plantea la solución, para plasmar esto se realiza un "Flujograma de Navegación", que va acompañado de la misma solución.

Gran parte de la UX se trata de resolver problemas para los usuarios, para poder generar un flujograma de navegación basado en el usuario, el diseñador necesita comprender a la persona, los objetivos del usuario, las motivaciones, las tareas principales que deseen lograr, etc. Toda esta información es obtenida desde la primera etapa y plasmada en la arquitectura de la información en la segunda etapa. Esta información debe ser bien clara para que en la etapa de prototipado se representen mejor los diseños.

Etapa 4 - Prototipado

En esta etapa se generan los prototipos finales, esta etapa se divide en dos pasos, bosquejar y prototipar, el objetivo del primero es generar bocetos rápidos, estos primeros bocetos son evaluados por el equipo de diseñadores y se eliminan los que consideren que no satisfagan los requisitos planteados.

En el segundo paso los bocetos resultantes se deberían transformar en prototipos esto mediante distintas técnicas y herramientas, con el fin de poder crear un prototipo de alto nivel con los cuales los usuarios puedan interactuar.

Las entradas y salidas de esta etapa son:

- **Entradas:** Lista de Diseños, Flujogramas de navegación.
- **Salidas:** Guías de usabilidad, bocetos y Prototipos de Alto Nivel.

Pasos del prototipado:

Paso 1 - Bosquejar

En este paso se busca crear bocetos que son prototipos de bajo nivel y rápidos con el fin de no gastar muchos recursos, los bocetos deben ser sencillos y rápidos, mayormente en hojas de papel donde se puedan plasmar los diseños, existen variedad de bocetos entre los cuales están:

- **Sketches:** son bocetos plasmados en papel, estas se realizan en las primeras fases del diseño del producto, su función principal es reflejar conceptos de una forma simple y barata, los sketches pueden definir una interfaz, interacción y los flujos de navegación.

- **Storyboard:** este método propone representar una historia mediante un conjunto de bocetos, estos bocetos de papel representan las interfaces y la secuencia que el usuario debe seguir en la ejecución de alguna tarea, su función principal es mostrar una visión global del diseño, el esquema de navegación y muestra la secuencia del proceso

Una vez realizado algún tipo de boceto de cada diseño, estos deben ser evaluados por el equipo y elegir los mejores bocetos, los cuales pasarán al siguiente paso. Si es necesario se puede retroceder hacia la etapa de diseño con el fin de modificar o corregir, y posteriormente realizar un nuevo prototipo.

Paso 2 - Prototipar

En este paso se busca realizar un prototipo de alto nivel e interactivo que pasará a la etapa de pruebas, una vez obtenido los bocetos resultantes del paso previo, estos pasarán a ser construidos con herramientas más especializadas para generar un prototipo final.

Los prototipos deben estar enfocados hacia el usuario final y alineados con el diseño propuesto, el prototipo debe ser lo más cercano al diseño, si el diseño está enfocado a una solución web, móvil, embebido u otro tipo de interfaz de software, el prototipo debe reflejar claramente su enfoque.

Los prototipos interactivos deben de ser lo más fieles posibles al diseño final puesto que en la fase de pruebas con usuarios nos arrojará datos mucho más confiables.

Por ejemplo, podemos usar lo siguiente para generar prototipos totalmente funcionales:

- **Wireframes**: estos son dibujos planos de papel o de forma digital, a diferencia de los bocetos estos incluyen un mayor nivel de detalle debido que se puede visualizar el contenido, las llamadas a la acción y el contexto de cada uno de los elementos. Los wireframes son una herramienta de comunicación entre los diferentes equipos del proyecto como diseño, producto y desarrollo, la función principal del wireframe es mostrar la interacción humano - computador, como el sistema debería responder y los elementos que la componen.
- **Videos:** los videos son una forma eficiente y económica de mostrar partes de un sistema futuro, gracias a las técnicas de pre-producción y post-producción pueden mostrar un prototipo que simulan funcionalidades reales, los videos como prototipo son muy útiles en el diseño de interfaces multimodales, esto quiere decir que la interacción se genera con más de un sentido, también es muy

útil cuando se quiere mostrar diseños futuristas en los cuales la tecnología requerida para realizarlas no está disponible.

- **Prototipos de software:** Los prototipos de software son implementaciones más pegadas al diseño final debido que se utilizan técnicas de programación o maquetación en herramientas de software, el objetivo de estos prototipos es mostrar funcionalidades interactivas, este tipo de prototipo habitualmente se realizan mediante lenguajes de programación, herramientas de software o aplicaciones web que facilitan la generación de estos.

La salida de este segundo paso son los prototipos de alto nivel que pueden ser generados por cualquiera de las técnicas mencionadas o alguna otra, en la siguiente etapa estos prototipos de alto nivel junto a los bocetos (prototipos de bajo nivel) serán puestos a pruebas.

Etapa 5 - Pruebas

El principal objetivo de esta etapa es validar los diseños propuestos representados por sus prototipos, las pruebas principalmente serán enfocadas en la satisfacción del usuario debido que este modelo propone el enfoque hacia el usuario como su propósito.

En esta etapa se realizan las pruebas del prototipo con usuarios reales donde estos interactúan con el prototipo realizando pruebas desde lo más simple hasta lo más complejo del diseño, durante este proceso se deben documentar los comentarios del usuario al momento de su interacción con los prototipos, estos comentarios serán de diferentes casos, como por ejemplo, casos de éxito, caso de mejora y casos de falla. La documentación nos permitirá tener una fuente recopilada de todas las pruebas del usuario para que se tome en cuenta y mejorar en la siguiente iteración.

La creación de prototipos y las pruebas añaden un gran valor al proceso de diseño. Las pruebas de usuario no solo ayudan a permanecer centrado en el usuario; también tiene un buen sentido comercial, al probar las ideas temprano y con frecuencia, puede identificar fallas de diseño y problemas de usabilidad a tiempo.

Cuando se trata de ejecutar pruebas de usuario, hay ciertos pasos que se puede seguir:

1. **Establezca un objetivo:**

   Lo primero que debe hacer es establecer un objetivo claro. ¿Qué se quiere aprender de las pruebas de usuario? ¿Qué pregunta se espera responder? Establecer un objetivo claro ayuda a construir el tipo correcto de prototipo y elegir el método de prueba de usuario más apropiado. Por ejemplo: si se diseña una aplicación de comercio electrónico, el objetivo podría ser probar qué tan fácil es para los usuarios agregar un artículo a su lista de deseos.

2. **Cree un plan:**

Es importante crear un plan para la sesión de pruebas de usuario, el plan debe incluir el objetivo o pregunta; el método que pretende utilizar para probar el prototipo; la cantidad de usuarios en los que se va a probar; una lista de todo el equipo que se necesita; y cómo se va a documentar y medir los hallazgos.

3. **Reclutar participantes:**

Otro aspecto crucial de las pruebas de usuario es reclutar a los participantes adecuados. Se desea probar con usuarios que representan al público objetivo, así que se tiene que dedicar un poco de tiempo a identificar algunos criterios clave. Si se está diseñando una aplicación de citas para mayores de 50 años, por ejemplo, no tendría sentido realizar pruebas de usuario con un grupo de 18 años.

4. **Reúna todo el equipo necesario:**

Una vez se haya reclutado a los participantes, ya se puede estar listo para comenzar la sesión. Se debe consultar el plan y asegurarse de tener todo lo que se necesita para realizar las pruebas: software de grabación de pantalla si se realizan pruebas remotas, bolígrafos y papel para tomar notas y, por supuesto, el prototipo.

5. **Documente sus hallazgos:**

A lo largo de cada prueba de usuario, se debe asegurar documentar los hallazgos. Se necesita un registro completo de cada prueba para analizar las observaciones y comparar los resultados de cada sesión.

Estas son las entradas y salidas de esta etapa:

- **Entradas:** Bocetos y Prototipos de alto nivel.
- **Salidas:** Documentación de las pruebas.

Podemos considerar la etapa de pruebas como un proceso donde se va realizando pruebas de bajo nivel y se van integrando paulatinamente componentes hasta lograr un sistema completo totalmente probado. Teniendo esto en mente definiremos como pruebas de bajo nivel, a las pruebas que se realizan fácilmente con los prototipos de bajo nivel (Bocetos) y a las pruebas de alto nivel con los prototipos de alto nivel.

Esta etapa de pruebas tiene dos pasos, el primero es probar los prototipos de bajo nivel con el fin de validar el enfoque del diseño, el segundo paso tiene como objetivo probar las funcionalidades del sistema.

Paso 1 - Pruebas de Bajo Nivel

Este tipo de pruebas permite validar rápidamente el enfoque del diseño propuesto, sin gastar mayores recursos, para este paso podemos realizar las siguientes pruebas:

- **Prueba de concepto:** En las primeras etapas del proceso de diseño, se puede probar los conceptos iniciales antes de diseñarlos. Se pueden utilizar prototipos de bajo nivel (bocetos) para comunicar la idea a los usuarios objetivo. Luego, se va a entrevistar a los usuarios para evaluar cómo se sienten acerca del concepto. ¿Es un producto o una función que les interesaría utilizar? ¿Tiene el potencial de resolver el problema del usuario?
- **Pruebas A / B:** Las pruebas A / B se utilizan para comparar dos versiones diferentes de un diseño. Este método se puede utilizar en cualquier etapa del proceso de diseño, ya sea que tenga prototipos en papel o digitales en los que se pueda hacer clic (prototipos de alto o bajo nivel). En las pruebas A / B, se crean dos prototipos diferentes y se debe probar cada versión en un conjunto diferente de usuarios. Se pueden probar dos diseños diferentes, por ejemplo una copia diferente para un determinado botón de llamada a la acción en una determinada pantalla. Es importante probar A / B solo una variable a la vez para no sesgar los resultados.

Paso 2 - Pruebas de Alto Nivel

En este paso el objetivo es validar las funcionalidades del sistema de mano con el usuario final, para esto es necesario realizar las pruebas de alto nivel que permiten validar más detalladamente cada componente o funcionalidad del sistema, mediante un prototipo interactivo (alto nivel) el cual permite documentar la interacción entre el prototipo y el usuario objetivo, con el fin de validar nuestros diseños materializados como prototipos de alto nivel.

Es necesario completar las pruebas de bajo nivel, ya que permite desechar prototipos que no cumplen con el enfoque que el usuario espera, este segundo paso requiere de mayores recursos, así mismo, permiten validar a detalle las funcionalidades o flujos propuestos en el diseño, para realizar estas pruebas existen variedad de técnicas a continuación se muestra algunas de estas:

- **Pruebas de Usabilidad:** Un método de prueba de usuario crucial que debe usarse repetidamente a lo largo del proceso de diseño, las pruebas de usabilidad le muestran lo fácil que es usar su diseño. Las pruebas de usabilidad suelen ser un ejercicio de observación: les pedirá a sus usuarios que completen ciertas tareas y las observará mientras lo hacen. A lo largo de la prueba, verá qué aspectos del diseño causaron problemas al usuario, así como qué aspectos parecen ser fáciles de usar. Al hacerlo, identificará problemas de usabilidad que buscará solucionar en la próxima iteración de su prototipo.

- **Prueba con el primer clic:** Al diseñar una aplicación o un sitio web, desea asegurarse de que el usuario realice la acción deseada cada vez que llegue a una determinada página o pantalla. La prueba del primer clic le muestra cuáles son los primeros pasos de sus usuarios cuando encuentran una interfaz; en otras palabras, ¿dónde hacen clic primero? Esto le ayuda a determinar qué elementos visuales y contenido deben tener prioridad, dónde deben ubicarse los botones, íconos y elementos del menú, así como el tipo de idioma que debe usar para los botones y las etiquetas. Las pruebas con el primer clic se pueden realizar utilizando prototipos de alto y bajo nivel.

- **Prueba de árboles:** Una vez que se haya creado la arquitectura de información del producto digital, se puede utilizar las pruebas de árbol para ver qué tan fácil de usar es realmente. Se presentará al usuario un "árbol" de información, representativo de cómo se va a distribuir los menús del sitio, y debe pedir al usuario que busque elementos específicos. Si los usuarios tienen dificultades para localizar cierta información, deberán reconsiderar su arquitectura de información. Las pruebas de árboles a menudo se realizan como un estudio remoto y no moderado, pero también se pueden realizar en persona utilizando prototipos de papel.

Después de una ronda de pruebas de usuario, se debe dedicar un tiempo a analizar los resultados. Se debe buscar patrones en los que se ha observado y en los comentarios que se recibió. Las pruebas validan que algo funciona bien o resaltan problemas que deben solucionarse. De cualquier manera, la información que se obtenga de las pruebas de usuario, se utilizará para mejorar o solucionar las fallas y/o observaciones encontradas:

- ¿Se necesita reiterar sobre el diseño actual para solucionar un problema de usabilidad?
- ¿El concepto inicial fracasó por completo frente a los usuarios y se envió de regreso a la fase de ideación?

Quizás los usuarios de prueba confirmaron que su arquitectura de información es extremadamente fácil de usar, lo que significa que ya está listo para comenzar a refinar el diseño.

Design Thinking se trata de iterar y reiterar hasta que el producto esté listo para su lanzamiento, pero no se detiene allí incluso una vez que el producto esté en el mercado, continuará realizando pruebas y agregando nuevas funciones o realizando mejoras.

La creación de prototipos y las pruebas son absolutamente clave para crear productos fáciles de usar, así que se debe recordar probar con anticipación y con frecuencia. En la siguiente imagen se muestra el Modelo del proceso de Diseño de Experiencia de Usuario basado en Design Thinking con sus respectivos pasos.

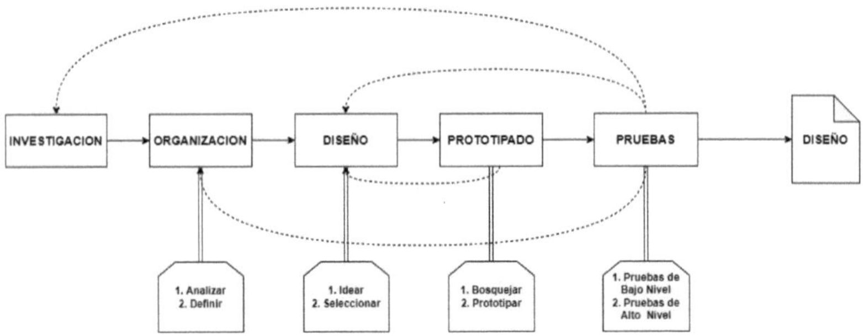

Fig. 12: Modelo del proceso de Diseño de Experiencia de Usuario extendido.

Capítulo V
Caso Ejemplificado

En este capítulo se mostrará la aplicación del modelo de diseño de experiencia de usuario basado en design thinking sobre el rediseño de una aplicativo móvil, el siguiente caso consiste en un rediseño de un aplicativo móvil que tiene como función principal el transporte de objetos y/o productos. A continuación, se describe con más detalle la función del aplicativo móvil, después se mostrará cada uno de las etapas y pasos del modelo ya mencionado aplicado al rediseño de dicho aplicativo, además se mostrará el resultado final reflejado en una interfaz de usuario.

Descripción del aplicativo

Transportation Management Portal Mobile (TMP Mobile)

TMP Mobile, es un aplicativo desarrollado para el sistema operativo Android que forma parte del sistema de TMP, este es un sistema para controlar la logística y operaciones de transporte de inicio a fin, es un aplicativo móvil que está dirigido para los transportistas de carga, los cuales tienen como función principal trasladar los productos/objetos de un lugar a otro. El caso que se ejemplifica en este libro es sobre el sistema denominado TMP Mobile.

TMP Mobile, cuenta con una versión en Android, publicada en la tienda de Play Store, en la figura 13 se muestran algunas capturas del mismo.

Fig. 13: Aplicación TMP Mobile

ETAPA 1 INVESTIGACIÓN

Para esta primera etapa se realizó una serie de actividades, que incluyeron reuniones con el cliente y los usuarios finales (transportistas), con el fin de obtener toda la información disponible acerca del proyecto, como su concepto general, sus objetivos, características y especificaciones.

Se determinó que el objetivo era hacer un rediseño de un aplicativo ya existente a nivel de diseño y funcionalidad, en base a esto se determinó el problema principal. Luego con ayuda de distintas reuniones y algunos cuestionarios, se obtuvo una mejor comprensión del problema, como por ejemplo el siguiente cuestionario.

- **Entradas**: Información completa del usuario, negocio y su contexto.
- **Salidas**: casos de uso con escenarios, diagrama de proceso y estrategia de trabajo

Cuestionario

Este cuestionario va dirigido hacia los representantes del negocio y usuarios finales del aplicativo móvil, a continuación, se muestran algunas de las preguntas contenidas en el cuestionario.

1 ¿A qué se dedica el negocio? (negocio)

Se brinda un servicio de seguimiento y control al momento de realizar un traslado de fletes, de varios puntos de recojo a varios puntos de entrega, y está orientado exclusivamente para los transportistas, este servicio forma parte de un sistema más grande y con una logística más elaborada que controla a las distintas empresas de transporte como a sus transportistas, órdenes, etc.

2 ¿Cuál es el modelo de negocio? (negocio)

El modelo de negocio se basa en subscripciones, normalmente son licencias anuales por cada aplicativo instalado para una empresa de transporte, esto depende de la cantidad de transportistas disponibles en la empresa.

3 ¿cómo describiría a los usuarios que intervienen? (negocio)

El uso de la app es exclusivo para el transportista, que es la persona encargada de recoger los fletes y transportarlos a distintos puntos de entrega, es la persona responsable de todo el proceso en general, existen otros usuarios, como son los administradores de los mismos transportistas, ellos designan las órdenes a transportar, pero tienen su propio aplicativo para realizar estas acciones, también existen otros usuarios como son los almaceneros, encargados de despachar la orden, así como también los clientes finales, encargados de dar recepción a la orden.

4 ¿cómo describiría el proceso más importante? (negocio)

El proceso más importante es el de transporte, donde se hace el seguimiento y control a un transportista mediante el aplicativo; desde que recoge las órdenes y las entrega a los clientes, durante el viaje es posible que salten inconvenientes que pueden generar pérdida de dinero, retrasos, daños a la carga, etc. Esto se ve reflejado en el sistema general, donde los administradores controlan el estado de las órdenes.

5 ¿Cuáles son las mayores dificultades que han encontrado en la plataforma actual? (usuario)

Una de las dificultades que encontré en el aplicativo es su uso, pero una vez que se aprende ya es más fácil manejarlo, pero aun así existen actividades como el de dar conformidad de recojo y entrega, la firma no es tan disponibles directamente, sino que yo tengo que salir del aplicativo, tomar la foto del documento, volver al aplicativo y subir ese documento. Aunque mejoró en una versión donde se podía tomar la foto directamente, pero a veces no es claro el documento y la firma no se suele notar.

6 Para usted ¿qué debería cambiar para que la plataforma sea más útil? (usuario)

La automatización, es la forma de enviar registros, porque a veces a uno se le olvida sincronizar esta información y luego se genera conflicto con los administradores. Me gustaría que estas sincronizaciones sean automáticas. También me gustaría que se pueda firmar directamente en el aplicativo para evitar confusiones en la foto subida.

Caso de uso: Registro de un incidente:

El registro de un incidente es uno de los procesos que más utiliza el transportista, por lo que es perfecto para definirlo como un ejemplo de nuestros casos de uso.

Según la información obtenida en el cuestionario y también al proceso ya existente en el antiguo diseño, se realizó el caso de uso "CU0001", donde se detalla el paso a paso todo el proceso, también se identifica a los actores como los interesados. El proceso de registro de un incidente contaba con una documentación en la cual se describía detalladamente, se agregó a la documentación existente; más funciones necesarias obtenidas de la encuesta realizada a los transportistas y al cliente.

A continuación, se muestra el registro de incidentes por parte del usuario final hacia el sistema TMP.

Nombre de caso de uso	Registro de un incidente
CU0001	
Actor(es)	Transportista
Interesados	Transportista, Administrador
Nivel	Azul
Descripción	Registrar un incidente emergente o común durante el viaje.
Evento desencadenante	El administrador verifica los incidentes registrados por el usuario para tomar acciones si son importantes, como por ejemplo un accidente.
Tipo de desencadenador	Externo
Pasos realizados	
Curso normal de eventos	
Transportista	**Sistema Aplicativo**
1- El transportista selecciona la opción de añadir un evento. En la sección de Viaje.	2- El sistema despliega una lista de incidentes, además de una opción de describir un incidente no existente.
3- El transportista selecciona una opción, o escribe un incidente no existente.	
4- El transportista registra el incidente.	5- El sistema dirige al transportista a la página de subir una evidencia (Tomar una foto y añadir una descripción).
6- El transportista decide si tomar una foto, grabar un video o subir un archivo.	
7- El transportista ingresa una descripción de la evidencia.	
8- El transportista hace clic en guardar evidencia.	
9- El transportista decide si añade más evidencias a la incidencia.	9- Al momento de guardar la incidencia, el sistema da la opción de añadir otra evidencia más.
	10- Si el transportista dice que si el sistema le vuelve a dirigir al paso 5.
	11- El sistema guarda la incidencia con todas las evidencias que subió.
12- El transportista hace click y no añade más incidencias, y se termina el registro de una incidencia.	13- El sistema guarda la incidencia en la base de datos local y online.
Precondiciones	**Haber iniciado el viaje.**
Post condiciones	El sistema habilita las siguientes opciones de registro como sincronización y entrega.
Suposiciones	Debe estar siendo manipulado desde el aplicativo con conexión a internet o sin conexión.

Garantía mínima	Una lista de incidencias comunes.
Garantía de éxito	Registrar todas las evidencias necesarias para la incidencia.
Cuestiones pendientes	Registro de audio o video por cada evidencia.
Prioridad	Media
Riesgo	No se guarde una incidencia con sus respectivas evidencias.

Diagrama de Procesos

A continuación, se muestra uno de los diagramas de proceso, donde se describe la secuencia e interacción de las actividades que ocurren cuando se realiza la entrega de una carga. Para realizar este diagrama se utilizó la herramienta de draw.io que nos facilitó la creación de los gráficos.

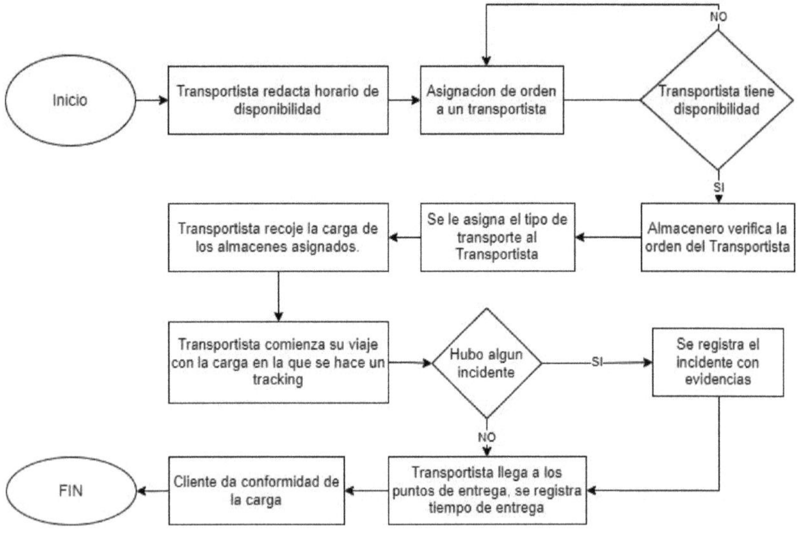

Fig. 14: Diagrama de proceso de TMP Mobile.

Estrategia de Trabajo

En base a la información obtenida inicialmente, se muestra un plan de trabajo con tiempos estimados para la ejecución de cada etapa del modelo, con el fin de obtener el rediseño final del aplicativo móvil

Actividad	Tiempo Estimado
Etapa 1 (Investigación)	**15 días**
Etapa 2 (Organizar)	**8 días**
Analizar	5 días
Definir	3 días
Etapa 3 (Diseño)	**8 días**
Idear	3 días
Seleccionar	5 días
Etapa 4 (Prototipo)	**8 días**
Bosquejar	3 días
Prototipar	5 días
Etapa 5 (Pruebas)	**10 días**
Pruebas de bajo nivel	5 días
Pruebas de alto nivel	5 días

ETAPA 2 ORGANIZAR

En esta etapa se organiza la información obtenida de la etapa anterior para poder generar la arquitectura de información, además analizamos los diagramas de proceso que son estructuras poco estandarizadas de las cuales se generan los flujos funcionales que permiten una mayor detalle y organización, con el fin de poder visualizar cada componente de información obtenida hasta esta etapa.

- **Entradas**: Casos de uso con escenarios, diagrama de proceso y estrategia de trabajo
- **Salidas**: Arquitectura de la información, Flujos Funcionales

PASO 1 ANALIZAR

Para este paso se conglomera toda la información acerca del usuario, negocio y contexto con el fin de organizarla en componentes de información que servirán como base del diseño, la arquitectura de la información organiza de forma más clara y precisa todo lo que el usuario final podría necesitar sobre el diseño, graficando un diagrama en el cual se puede visualizar los componentes de información y la forma de cómo acceder a cada uno de ellos. En la figura 15 se muestra la arquitectura de información de TMP Mobile.

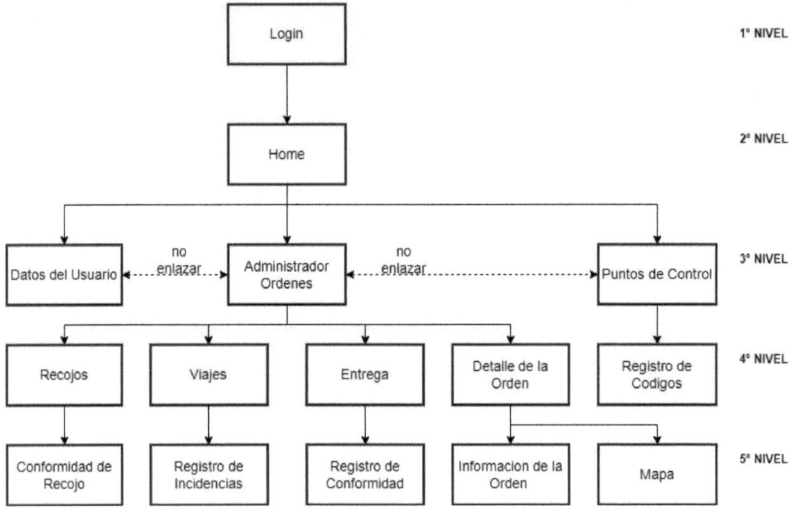

Fig. 15: Arquitectura de información de TMP Mobile.

PASO 2 DEFINIR

En este paso se genera el diagrama de flujo donde se visualiza de una forma más estructurada el diagrama de proceso, incluyendo los actores involucrados, con el fin que sea más entendible para los miembros del equipo. En este caso el cliente es quien inicia el flujo solicitando la entrega de una carga, pasa por los diferentes actores y al final es el mismo cliente quien da su conformidad terminando el flujo.

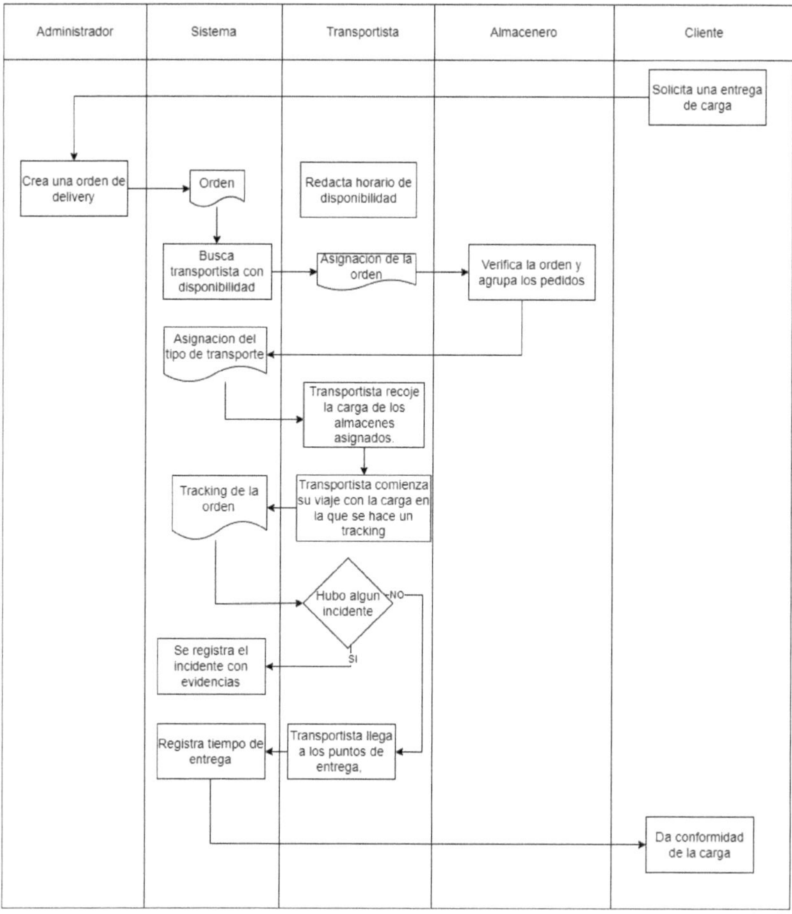

Fig. 16: Diagrama de flujo del proceso de transporte de TMP Mobile.

Etapa 3- Diseño

En esta etapa se analiza la arquitectura de la información y los flujos funcionales con el fin de generar diseños enfocados en satisfacer los requisitos del usuario final y para ello se realizaron diversas actividades con el fin de generar soluciones a los problemas encontrados y plantear diferentes diseños. A continuación, en el paso uno se propuso un método para obtener ideas, en el segundo paso se seleccionó las mejores ideas para armar un flujograma de navegación que representa al diseño.

- **Entradas:** Arquitectura de la información y Flujos funcionales
- **Salidas:** Flujogramas de navegación.

Paso 1 - Idear

En este paso se decidió aplicar el método de lluvia de ideas inversa, ya que este método permite encontrar puntos débiles que podrían generar un mal diseño. A continuación, se muestra un fragmento de este.

lluvia inversa de ideas

- **Más de 4 colores distintos en cada pantalla**: puede saturar la armonía y sencillez que debe ofrecer una interfaz de usuario.
- **Distintos fuentes y tamaños de letra en la aplicación:** puede generar carga visual en la interfaz de usuario.
- **Iconos y símbolos confusos:** puede provocar que el usuario no pueda identificar algunas funciones dentro de la interfaz de usuario.
- **Botones pequeños:** puede generar confusión en el usuario final.
- **Publicidad dentro de la aplicación:** puede generar interrupciones en el flujo de trabajo del usuario final.

Paso 2 - Seleccionar

En este paso se tomaron las mejores ideas obtenidas del paso anterior, en realidad no se descartó todo, sino que se trató de agrupar para que formen parte de una solución a un caso específico. Gracias a ello se formó diferentes flujogramas de navegación, a continuación, se muestra uno de ellos, este es el flujograma del proceso de transporte.

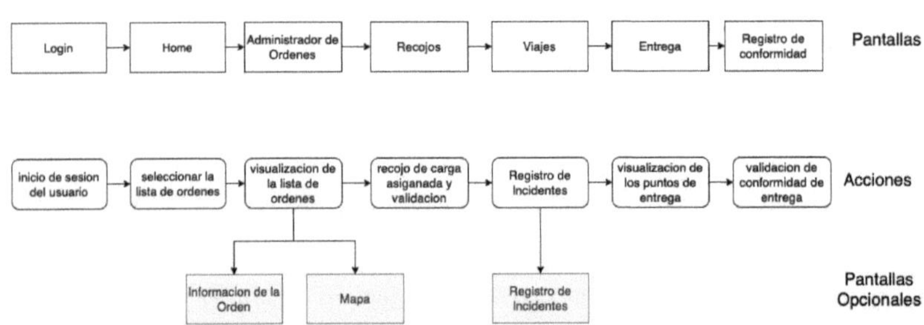

Fig. 17: Flujograma de navegación del proceso de transporte de TMP Mobile.

Etapa 4 - Prototipado

En esta etapa se realizó un análisis de los flujogramas de navegación, sin perder el enfoque del flujo principal. Para generar un prototipo final se realizaron dos pasos, el primero es generar un boceto de papel (sketches) que en este caso fue a mano, tratando de representar cada pantalla, el segundo paso fue generar un prototipo interactivo mediante un programa de software, en este caso se empleó el wireframepro mockflow.

- **Entradas:** Flujogramas de navegación.
- **Salidas:** Sketches y Prototipos Software

A Continuación, se narra los dos pasos desarrollados.

Paso 1 - Bosquejar

En este primer paso se realizó un prototipo de bajo nivel donde de manera rápida se obtuvo sketches de los diferentes flujogramas de navegación, se definió sketches que satisfagan mejor al flujograma. Durante la discusión y el análisis de los flujogramas se realizaban dibujos rápidos por cada pantalla, como por ejemplo el login, el home, el detalle, etc. Para cada pantalla se realizaban dibujos a mano y de acuerdo a un estándar previamente definido (como el tamaño de los botones, las formas de los inputs, hasta trazos que simulan una animación), se escogía a los que mejor se adecuaban.

A continuación, se muestra un Sketchs, dibujado a mano.

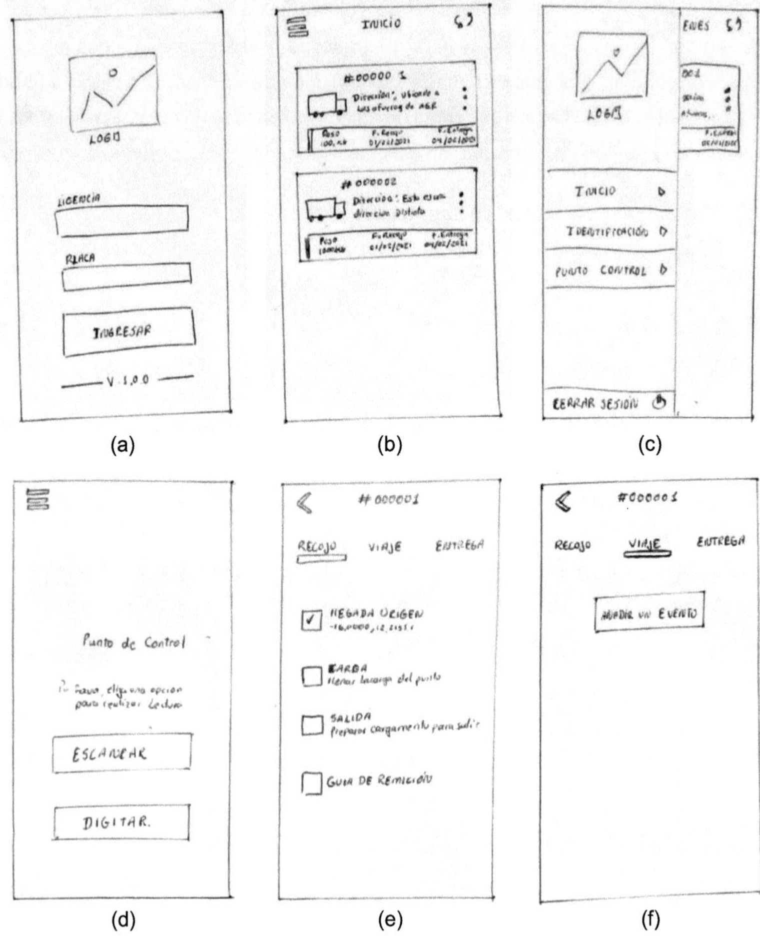

(a)   (b)   (c)

(d)   (e)   (f)

Fig. 18: Bocetos en papel de TMP Mobile.

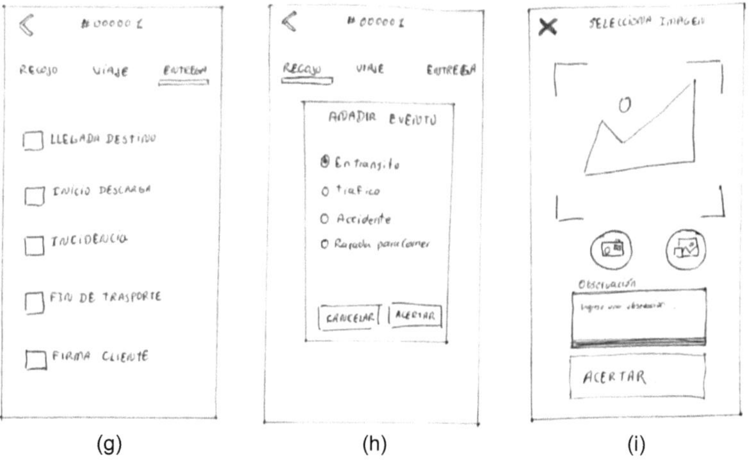

(g)   (h)   (i)

Fig. 18: Bocetos en papel de TMP Mobile (Continuación).

Paso 2 - Prototipar

En este paso se prototipa los bosquejos realizados en el paso anterior, para esto se utilizó un software para realizar los mockups (wireframepro mockflow), estos mocks tienen un diseño más trabajado que los bosquejos, y la herramienta nos permite darle la funcionalidad básica de redirigir a la siguiente pantalla simulando un flujo normal.

- **Prototipos de software**

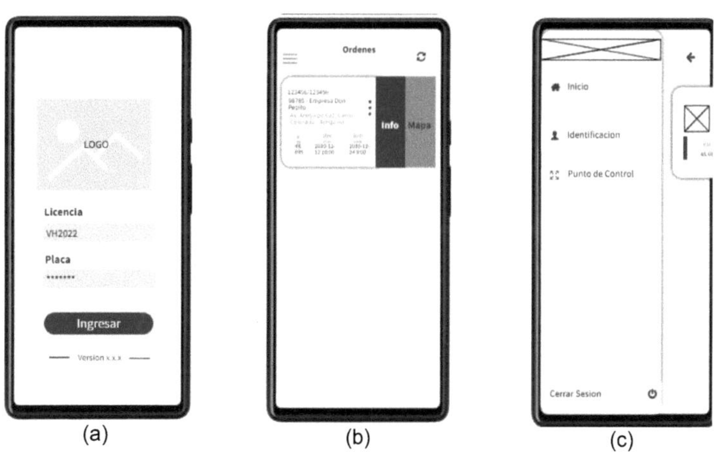

(a)   (b)   (c)

Fig. 19: Prototipo de software de TMP Mobile.

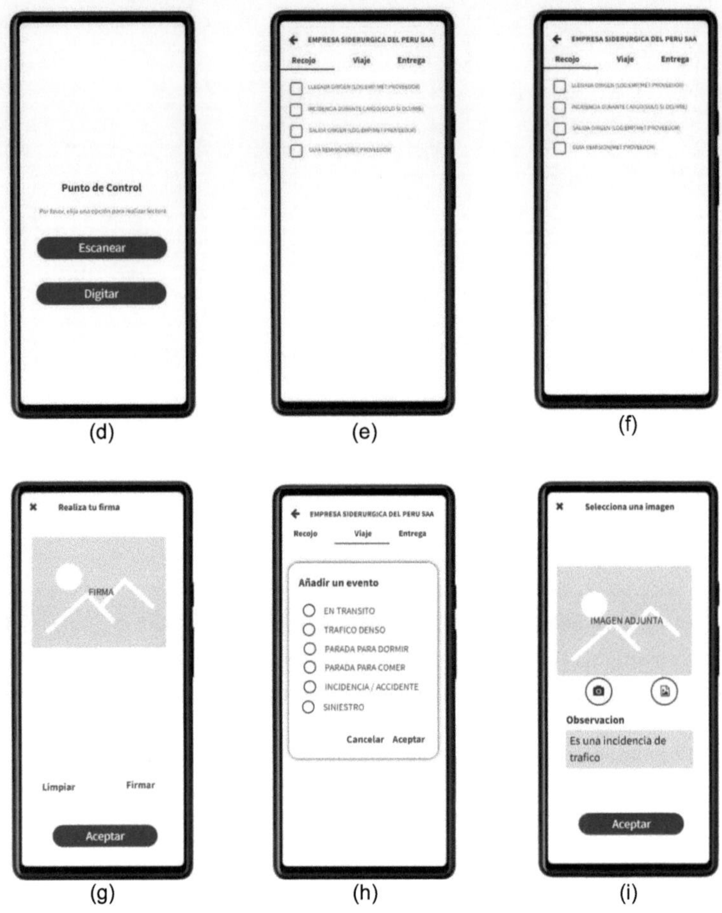

Fig. 19: Prototipo de software de TMP Mobile (Continuación).

Etapa 5 - Pruebas

Finalmente, en esta etapa interfiere el cliente el cual evalúa el prototipo y según su nivel de satisfacción se aplican nuevas modificaciones o es aceptado, si es aceptado queda como diseño final. En este caso se realizaron pruebas de bajo y alto nivel, las cuales son pruebas de concepto y pruebas de usabilidad respectivamente.

- **Entradas:** Bocetos y Prototipos de alto nivel.
- **Salidas:** Documentación de las pruebas.

Paso 1 - Prueba de concepto

Se realizaron las pruebas de concepto con el cliente y algunos usuarios finales, en total hubo un representante del cliente y 10 usuarios finales, a cada uno se le presentó el nuevo diseño reflejado en bocetos de papel.

Se plantearon distintas preguntas para validar este diseño, algunas de las preguntas fueron: ¿Qué tan fácil es el uso del diseño?, ¿Le parece atractivo los colores presentados en el diseño?, ¿Los iconos y botones del diseño les parecen intuitivos?,¿Que le transmite a usted los iconos y botones presentados?, ¿El registro de incidencias le parece fácil de realizar?, ¿Cuánto tiempo le tomó para registrar una incidencia?, ¿Encontró una mejora con respecto a la anterior versión?, entre otros.

Según los resultados obtenidos, el diseño planteado muestra mejores resultados con respecto a la anterior versión, tanto en la interfaz de usuario como usabilidad.

Paso 2 - Pruebas de Usabilidad

Se les entregó a los 10 usuarios finales el prototipos interactivo, dando las siguientes tareas:

1- Ver la información del usuario
2- Ingresar al detalle de una orden y visualizar la ruta
3- Registrar una conformidad de recojo
4- Seleccionar un incidente por defecto y añadir un incidente externo
5- Registrar la firma de entrega

El prototipo fue aceptado por los usuarios finales, los resultados muestran que: las tareas se realizaron en un tiempo óptimo y los usuarios pudieron aprender las funciones del aplicativo intuitivamente, también estos accedieron a las funciones e información muy fácilmente y el número de pasos para realizar cada tarea fue el óptimo planteado.

MATERIALIZACIÓN DE LA UX EN UNA INTERFAZ GRÁFICA (UI)

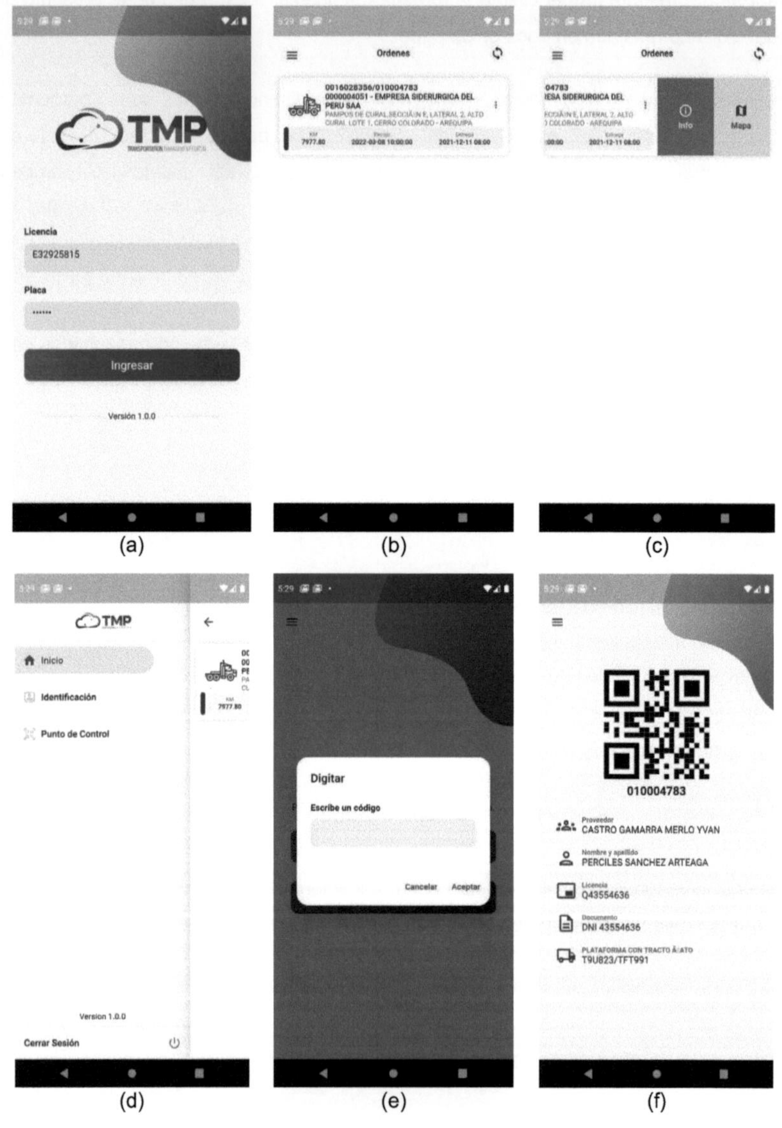

Fig. 20: Interfaz de Usuario (UI) Final de TMP Mobile.

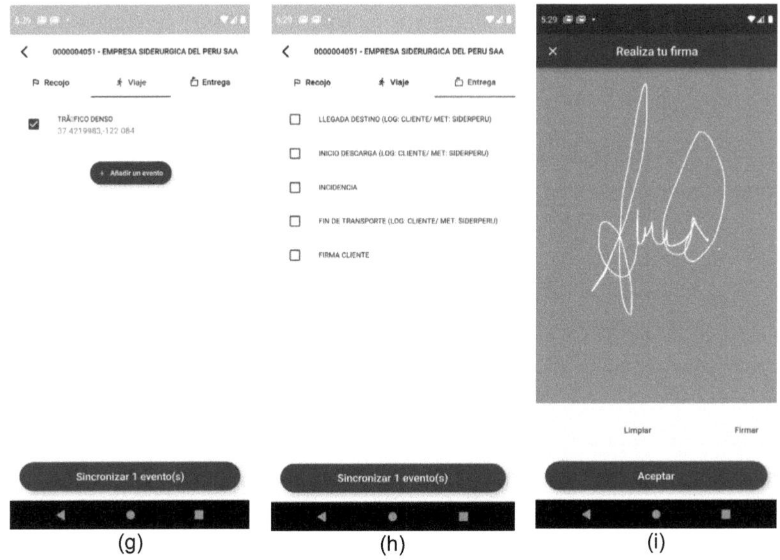

(g)   (h)   (i)

Fig. 20: Interfaz de Usuario (UI) Final de TMP Mobile (Continuación).

Capítulo VI
Design Thinking aplicado diseño de experiencia de usuario en otras áreas

Señalización por diseño: un enfoque de Design Thinking para la experiencia del usuario de una biblioteca

La señalización es una herramienta visual para la comunicación y un componente crucial de la experiencia del usuario en una biblioteca, esta herramienta puede dar la bienvenida, guiar e instruir a los usuarios ayudándoles a navegar por el complejo mundo de la información de cualquier biblioteca. En la práctica, sin embargo, la señalización puede ser problemática, revelando tensiones entre varios interesados y contribuyendo al ruido visual a través de la sobrecarga de información; esto a menudo conduce a una ceguera en la señalización, ansiedad en la biblioteca y confusión.

En esta investigación, se explora cómo las bibliotecas pueden usar un enfoque de Design Thinking para mejorar la experiencia del usuario en los espacios físicos de la biblioteca, particularmente con respecto a la señalización, basado en su experiencia en la Biblioteca UTS, una biblioteca universitaria en Australia que sirve a la Universidad de Tecnología de Sydney (UTS), descubrieron que un enfoque de Design Thinking que utiliza los procesos de empatía, definición de problemas, ideación de soluciones, creación de prototipos y pruebas puede ayudar a las bibliotecas a realizar cambios significativos que pueden adoptarse a un costo relativamente bajo.

Para este estudio adaptaron el proceso de Design Thinking al proceso de diseño de experiencia de usuario para adaptar la biblioteca, siguiendo las etapas:

1. **Empatía**: para comprender las necesidades de los usuarios, incluidos estudiantes, académicos, personal universitario y miembros del público, realizaron observaciones participando en conversaciones y entrevistas. Este enfoque brindó una rica información contextual y una comprensión más profunda de la experiencia del usuario en la biblioteca, a comparación de las numerosas encuestas que se habían realizado en el pasado.

2. **Definición**: La información que se obtuvo del enfoque empático, se usó para definir los problemas que encontramos que estaban relacionados con la señalización o que podrían resolverse con la señalización. Realizaron una auditoría de señalización fotografiando la señalización que se encuentra en toda

la biblioteca, también identificaron puntos de contacto que carecían de señalización suficiente.

3. **Ideación**: Basado en el mapeo anterior, el personal de la biblioteca participó en sesiones de lluvia de ideas que no solo fueron divertidas en términos de cohesión grupal, sino que también resultaron en varias ideas de señalización no tradicionales. Estas sesiones de lluvia de ideas también involucraron a algunos estudiantes que trabajaban a tiempo parcial en la biblioteca, quienes ofrecieron una perspectiva estudiantil valiosa con mucho humor reflexivo de sus propias experiencias.

   Las soluciones resultantes a las que llegaron tenían un tono de conversación. Aunque esto no era una práctica común en la señalización anterior, decidieron hacer un prototipo de las ideas más divertidas para las pruebas, ya que estaba en línea con su visión de que la biblioteca fuera vista como menos autoritaria y prescriptiva, también eliminaron letreros duplicados, redundantes o que causaban una sobrecarga de información.

4. **Creación de prototipos**: Crearon prototipos de una serie de carteles en papel impreso, primero abordaron la señalización impresa común alrededor de la biblioteca, seguida de la señalización de identificación colgada y por último la señalización de orientación. Al comenzar con carteles impresos de bajo costo, tuvieron la libertad de experimentar con las fuentes, los colores y la ubicación antes de decidir el diseño final. Actualizar los letreros de esta manera les permitió implementar cambios graduales durante un período de dos años, con la participación continua del usuario durante todo el proceso. Esto hizo que el proceso fuera más manejable y, con el tiempo, ayudó a llegar a una señalización que funcionara para todos los usuarios.

5. **Pruebas**: Como las pruebas se realizaron en paralelo a la creación de prototipos debido a las soluciones de bajo costo y bajo riesgo (a diferencia de las pruebas de productos, por ejemplo), participaron simultáneamente en un proceso de creación de prototipos y pruebas que se informaron mutuamente en un proceso continuo. Una vez que hubo suficiente información del usuario para decidir sobre un letrero, procedieron a hacer más letreros fijos producidos profesionalmente.

Esta investigación demuestra cómo se puede utilizar el proceso de Design Thinking para guiar el desarrollo de la señalización de una biblioteca como un aspecto clave de la experiencia del usuario de la biblioteca estudiada. A menudo descuidada y mal mantenida, la señalización de la biblioteca es un punto de contacto importante para los usuarios, que podría resultar más útil si esta estuviera bien atendida. Los principios de diseño detrás de estas soluciones son universales y se pueden aplicar a cualquier biblioteca, este enfoque requiere un nivel de cuidado en sus usuarios y su experiencia en la biblioteca.

Creación de una aplicación móvil de calidad: un estudio centrado en el usuario que se centra en el Design Thinking, la experiencia del usuario y usabilidad

En esta investigación se describe la creación de una aplicación móvil a través del enfoque de Design Thinking (DT), Experiencia de Usuario (UX) y pautas de usabilidad. La aplicación fue construida por un equipo de estudiantes, sin experiencia, de pregrado de Ciencias de la Computación, Ingeniería Informática y Diseño de la Universidad Federal de Pernambuco, durante un proceso que duró un mes. Como resultado, su aplicación ha obtenido una alta tasa de éxito, siendo la tercera aplicación más descargada de todos los géneros en la primera semana que estuvo disponible en BlackBerry Store, y también obtuvo calificaciones extremadamente altas por los sitios web de tecnología líderes en Brasil.

Antes de iniciar su proyecto, el equipo estableció un resumen de diseño, una especie de resumen que contiene los objetivos generales y las limitaciones del proyecto, como los precios objetivo y competidores, la tecnología disponible y la segmentación del mercado. El resumen sirve para dirigir inicialmente al equipo hacia el camino de la solución y proporcionar un marco de por dónde empezar.

Definido el brief, surgen los tres espacios de innovación:

1. **Inspiración**: El proyecto comenzó con un resumen propuesto por BlackBerry con información sobre: precio (gratuito) de la aplicación para los usuarios, la plataforma utilizada (BlackBerry), el propósito de la aplicación (agregar el noveno dígito a los números de móvil específicos). Después de que todo el personal conocía el conjunto breve, se llevó a cabo una investigación con la intención de averiguar qué necesitaban los usuarios en dicha aplicación y recopilar información sobre lo que ya existía en el mercado.

Como resultado, se identificaron los siguientes aspectos: las aplicaciones existentes no tienen una interfaz de usuario atractiva; los sistemas eran generalmente lentos; la aplicación existente no identificaba ciertos tipos de números; así como varios errores de programación menores. Con tantas aplicaciones que promueven una mala experiencia de usuario, el equipo sintió la necesidad de una aplicación que pudiera ser confiable y recomendada por los usuarios. Esta primera etapa tomó una semana.

2. **Ideación**: Después de que el equipo discutió la información recopilada, el equipo llegó a la pregunta de "¿Cómo podemos ofrecer una experiencia de usuario agradable al utilizar la aplicación?". Una vez definida la pregunta, se inició la ronda de ideación. Como resultado, se generaron 6 ideas. El equipo se reunió con usuarios potenciales y validó sus ideas y obtuvo comentarios reales. Esta fase duró 2 días.

3. **Implementación**: Después de seleccionar qué idea se implementaría a partir de los resultados de validaciones anteriores, se preguntaron ¿cómo implementarlo de manera que se promueva una gran experiencia de usuario? El equipo observó las pautas de usabilidad detalladas anteriormente al desarrollar prototipos, y poco después se realizaron pruebas para verificar que la experiencia brindada fue placentera. Después de examinar los datos, los desarrolladores empezaron a escribir el código del programa. Este paso tomó 3 semanas.

La aplicación demostró cumplir con su objetivo, obteniendo excelentes calificaciones con los usuarios durante las pruebas, realizadas por el equipo u otros agentes (revistas especializadas). No hubo calificaciones por debajo de 7/10.

¿Por qué las empresas no pueden innovar?: Ayudando a las empresas a aprender Design Thinking

En esta investigación se describen los desafíos de introducir el diseño y las mejores prácticas de innovación en empresas grandes donde el software empresarial es su principal activo. Propone una teoría donde explica cómo las empresas que existen actualmente, tienden a focalizarse en factores de desarrollo técnico, e ignoran en gran medida la facilidad de uso de las soluciones resultantes y, sin embargo, han tenido éxito comercial hasta la fecha. También propone que es probable que las circunstancias del mercado que han permitido esta situación cambien a medida que el mercado continúe madurando. Luego sugiere métodos para que los proveedores existentes se adapten a esos cambios y describe los riesgos de no hacerlo.

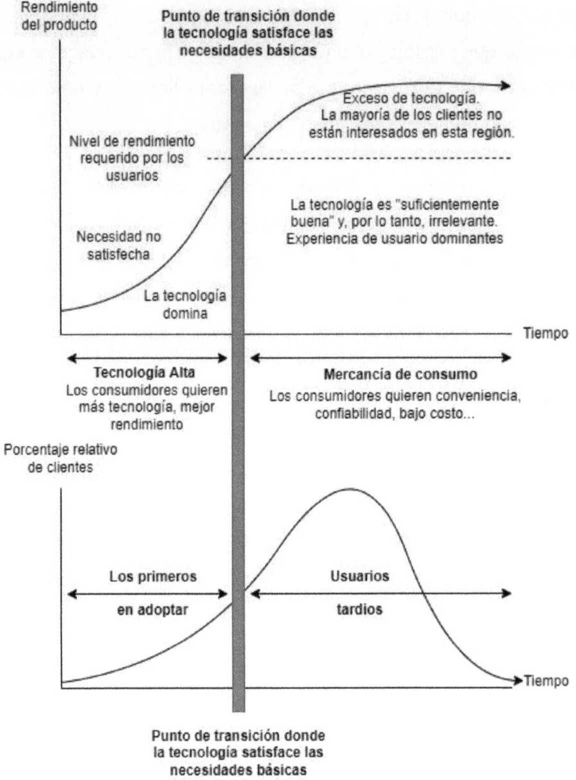

Fig 21: La Importancia de UX varía en función de la madurez del mercado.

La mayoría de las empresas de ERP no valoran el diseño centrado en el usuario o los beneficios que brinda, una buena experiencia de usuario (UX). En realidad, para aclarar, la mayoría de las empresas de ERP no comprenden el valor de UX en los productos ERP. Consideran que una buena experiencia de usuario es innecesaria para la venta de soluciones ERP. Debido a que el mercado de ERP todavía se encuentra en un estado inmaduro en relación con el mercado de la electrónica de consumo o los sitios de comercio electrónico. Esta es una posición razonable dado que los proveedores de ERP compiten principalmente con los equipos de TI que desarrollan "software personalizado" que no logran cumplir con más del 90% de sus proyectos.

Bill Gates sostiene que "para que las empresas existentes sean innovadoras, la clave está en la ejecución". La mayoría de los gerentes olvidan que la cultura del diseño, la innovación y la ejecución operativa son simbióticas. Incluso las mejores ideas no llegarán al mercado para convertirse en innovaciones, si se descuidan los detalles operativos debido al caos organizacional, además, los entornos caóticos provocan la falta de personal y dificultan la colaboración con socios y clientes, envenenando así el pozo del que brota la innovación.

Las mejores prácticas incluyen definir métricas de calidad relacionadas con la experiencia del usuario (UX) alineadas con las métricas operativas de todas las áreas funcionales para que sean una parte integrada, en lugar de ignorada, del proceso.

En esta investigación se considera las siguientes mejores prácticas:

- Incluir métricas de UX como parte de los objetivos generales de calidad de la empresa y dotar de personal en consecuencia.
- Definir los objetivos de satisfacción del cliente para todos los puntos de contacto externos y vincularlos con las operaciones comerciales.
- Desarrollar planes de proyectos que enfaticen el aprendizaje a través de la investigación del diseño y la iteración.
- Hacer que los fracasos de los proyectos y las lecciones aprendidas sean accesibles y formen parte del conocimiento institucional.
- Desarrollar presupuestos considerando los costos reales de no construir el producto correcto o no construir el producto correctamente.

Los proveedores de ERP corren el riesgo de perder participación de mercado frente a los competidores que pueden "innovarlos" aplicando métodos de UX para crear ofertas superiores mediante el refinamiento de la innovación que puede incluso reducir los costos o aumentar las ganancias a largo plazo. Las tendencias actuales en ERP entregado por SaaS son un buen ejemplo de esto. Los proveedores de ERP basados en SaaS tienen la ventaja de contar con bucles de retroalimentación mejorados debido a sus modelos de ventas y distribución que probablemente mejorarán su tasa de innovación y su capacidad para capturar participación de mercado.

Ambos destinos se pueden evitar utilizando técnicas probadas de otras industrias más maduras, como los productos envasados para el consumidor. Quizás uno de los proveedores existentes pueda gestionar la difícil transformación en una cultura orientada al diseño. Una cultura que reconoce que el liderazgo tecnológico ya no es suficiente en un mercado maduro. Ese vendedor podría sobrevivir. Sin embargo, es aún más probable que una nueva generación de empresas con ADN diferente tenga éxito a medida que el mercado pasa a una fase que valora la experiencia de usuario. Esto es más probable, como sugieren Christensen, Norman y otros a partir de su análisis de otros mercados. Solo hay que mirar los cambios recientes en la industria de la telefonía móvil para ver cuán plausible es tal escenario.

Design Thinking: ¿un nuevo enfoque revolucionario en la educación turística?

En esta investigación de la universidad Constantine the Philosopher University en Nitra, Eslovaquia, se probó en tres cursos de Turismo Regional el proceso del Design Thinking con el fin de incrementar la comunicación, el trabajo en equipo y principalmente la creatividad.

Los principales objetivos de pilotar la DT como método de enseñanza, fueron:

- Probar si el DT puede desarrollar el pensamiento creativo y las habilidades de resolución de problemas en el contexto del turismo.
- Probar si el DT puede hacer que los estudiantes universitarios en turismo sean más cooperativos y motivados.
- Probar si el DT puede mejorar la comunicación en inglés (en el caso del curso de Lengua Inglesa para el Turismo 2).

Para alcanzar los objetivos antes mencionados se utilizaron los siguientes métodos de investigación:

- Observaciones no estructuradas de las lecciones realizadas por los docentes de las lecciones tomando nota de las dificultades, problemas y preguntas que surgieron.
- Entrevistas semiestructuradas con los estudiantes y los profesores realizadas inmediatamente después de las lecciones utilizando un conjunto de preguntas predefinidas.

Los resultados obtenidos fueron los siguientes:

1. **Objetivo de investigación 1**: Probar si DT puede desarrollar el pensamiento creativo y las habilidades de resolución de problemas en el contexto del turismo. En primer lugar, se puede suponer que este enfoque puede fomentar el

pensamiento creativo en el contexto del turismo, ya que los estudiantes lograron desarrollar nuevas soluciones creativas a los problemas definidos en el campo del turismo. Por ejemplo, dentro del curso de Productos Turísticos se les ocurrió la idea de renovar la piscina existente en Nitra para hacerla más accesible para los usuarios de sillas de ruedas. Los estudiantes del curso de Lengua Inglesa para el Turismo 2 "establecieron" un centro creativo en Nitra que organizaría actividades creativas de diferentes tipos para los turistas que visitaran Nitra. Respecto a las lecciones del curso de Desarrollo de Productos Turísticos de Destino, se diseñó una aplicación móvil, denominada "Patrimonio Cultural de Nitra - Cirilo y Metodio" y que brinda un servicio completo de información turística vinculado al patrimonio de Cirilo y Metodio de forma lúdica, incluyendo todos sitios históricos y arqueológicos.

2. **Objetivo de investigación 2**: Probar si DT puede hacer que los estudiantes universitarios en turismo sean más cooperativos y motivados
   Con base tanto en las observaciones como en la retroalimentación de los estudiantes y profesores, se puede suponer que lo más positivo del método de enseñanza DT fue que obligó a los participantes a trabajar juntos y a compartir y discutir opiniones a través de la comunicación cara a cara. cara. Además, como lo expresaron los tres mentores, los estudiantes fueron mucho más activos y entusiastas que en el caso de otras lecciones en las que se utilizaron métodos de enseñanza tradicionales.

3. **Objetivo de investigación 3**: Probar si se puede mejorar la comunicación en inglés (en el caso del curso de Lengua inglesa para el turismo 2)
   En lo que respecta al curso de Lengua inglesa para el turismo 2, se podría suponer que el enfoque de la tarea de resolución de problemas en la vida real motivó a los estudiantes a usar el inglés sin que se dieran cuenta de que estaban completando un curso comunicativo. tarea. Además, para alcanzar la meta y tener éxito como equipo, fueron mucho más cooperativos y activos que en el caso de los juegos de rol o discusiones clásicas.

Esta investigación concluyó que la DT a parte de ser capaz de solucionar problemas en el área del turismo, también es utilizado en aumentar el rendimiento en la enseñanza de la vida real para mejorar la comunicación, trabajo en equipo y la creatividad.

Capítulo VII
Empresas de éxito que aplicaron Design Thinking

APPLE

Apple logró posicionarse como primer lugar de las empresas tecnológicas por sexto año consecutivo, pero donde tuvo mayor impacto fue en sus inicios por sus ideas altamente innovadoras. Apple fue una de las primeras empresas en aplicar el modelo de Design Thinking durante el desarrollo de su estrategia. El fundador de Apple decía que "Ser emprendedor no tiene que ver con el dinero o la fama, tiene que ver con la capacidad de resolver problemas en la sociedad y la pasión para crear oportunidades donde la gente solo ve problemas", según este concepto y Design Thinking Apple logró unir tecnología, diseño y simplicidad. Para cualquier producto estas son las bases para alcanzar el éxito.

AIRBNB

AIRBNB es un claro ejemplo de mejora gracias al Design thinking, esta compañía se dedica a la oferta de alojamientos ya sea particulares o turísticos mediante su plataforma web. Sus fundadores se dieron cuenta que su modelo de negocio no era viable, es entonces donde decidieron ponerse en los zapatos de sus clientes y conocer mejor sus necesidades. Durante el proceso comenzaron a analizar sus errores mediante las observaciones, conversaciones con los clientes, pero lo más importante de vivirlo ellos mismos, se dieron cuenta que existían varios puntos a mejorar, un ejemplo claro serían las imágenes que se mostraban en la pagina no eran nada amigables y no llamaban la atención a los clientes. Es así que poco a poco fruto de su investigación comenzaron a mejorar su modelo hasta llegar al modelo actual, el cual ha conseguido mucho éxito en todo el sector de turismo.

BBVA

BBVA apostó por el Design Thinking, principalmente en el tema de los cajeros automáticos, con la ayuda de IDEO decidieron crear cajeros automáticos más humanizados que se adaptan mejor a las necesidades de sus clientes. La propuesta surge del trabajo aplicado con Design Thinking, y se enfatizó más la experiencia de usuario. El objetivo de BBVA es convertir las operaciones en una acción sencilla y confiable.

IKEA

Esta compañía sueca ha apostado por la sostenibilidad tanto en el diseño como en la comercialización de sus productos, representando la importancia a las necesidades del cliente. Ikea se dedica a la fabricación venta de muebles en paquete plano, colchones, electrodomésticos y objetos para el hogar, para poder llegar a cualquier usuario y facilitarle la entrega, desarrolló técnicas y formas que satisfacen las necesidades del usuario sin que este tenga que realizar alguna acción tediosa y molesta, tan fácil como comprar y recibir. Para alcanzar el gran éxito que tuvo esta empresa es gracias en parte al Design Thinking, enfatizando siempre en el usuario.

BIBLIOGRAFÍA

B. Vargas, L. Inga, M. Maldonado. Design Thinking aplicado al Diseño de Experiencia de Usuario - Innovación y Software, vol. 2, núm. 1, pp. 6-19, 2021. ISSN: 2708-0927.

Paula D.F.O., Menezes B.H.X.M., Araújo C.C. (2014) Building a Quality Mobile Application: A User-Centered Study Focusing on Design Thinking, User Experience and Usability. In: Marcus A. (eds) Design, User Experience, and Usability. User Experience Design for Diverse Interaction Platforms and Environments. DUXU 2014. Lecture Notes in Computer Science, vol 8518.

González, D. and M. Marcos. "Responsive web design: diseño multidispositivo para mejorar la experiencia de usuario." *BiD: Textos Universitaris de Biblioteconomia y Documentación*, 2013, 8.

Zhi Chen and Shangshang Zhu, "The research of mobile application user experience and assessment model," Proceedings of 2011 International Conference on Computer Science and Network Technology, 2011, pp. 2832-2835.

Ronda León, Rodrigo (2013). Diseño de Experiencia de Usuario: etapas, actividades, técnicas y herramientas. En: No Solo Usabilidad, nº 12, 2013. ISSN 1886-8592

M. Serrano and P. Blazquez. Design thinking Lidera el presente. Crea el futuro. Libros profesionales de empresa. 12 Ene. 2015.

IDEO. Design Thinking for Educators. 2nd Edition. 2012

Proceedings of the 8th Design Thinking Research Symposium (DTRS8) Sydney, 19-20 October, 2010.

D. Chasanidou, A Gasparini and E. Lee. Design Thinking Methods and Tools for Innovation. Springer International Publishing Switzerland 2015. A. Marcus (Ed.): DUXU 2015, Part I, LNCS 9186, pp. 12–23, 2015.

Churchman, C. W. Wicked problems. Management Science, 4(14) December, 141–142. 1967

J. Pereira and R. de F. S. m. Russo. Design Thinking Integrated in Agile Software Development: A Systematic Literature Review. CENTERIS - International Conference on Enterprise Information Systems/ProjMan - International Conference on Project Management/ Hcist - International Conference on Health and social care Information Systems and Technologies, Centeris/Projman/Hcist 2018

A Berger. Design Thinking for Search User Interface Design. Proceedings of the 1st European Workshop on Human Computer Interaction with Information Retrieval. A workshop at BCS/HCI2011

Adikari, S., McDonald, C., & Campbell, J. Reframed Contexts: Design Thinking for Agile User Experience Design. Lecture Notes in Computer Science, 3–12. (2013)

Eris, O.: Insisting on Truth at the Expense of Conceptualization: Can Engineering Portfo-lios Help? International Journal of Engineering Education 22, 551–559 (2006)

Dunne, D., & Martin, R. Design Thinking and How It Will Change Management Education: An Interview and Discussion. Academy of Management Learning & Education, 5(4), 512–523. (2006)

Robbins, P. From Design Thinking to Art Thinking with an Open Innovation Perspective—A Case Study of How Art Thinking Rescued a Cultural Institution in Dublin. Journal of Open Innovation: Technology, Market, and Complexity, 4(4), 57. (2018)

Liedtka, J.; Ogilvie, T. Designing for Growth: A Design Thinking Tool Kit for Managers, 1st ed.; Columbia Business School Publishing: Portland, OR, USA, 2011.

Yusef Hassan & Francisco J. Martín Fernández & Ghzala Iazza. Diseño Web Centrado en el Usuario: Usabilidad y Arquitectura de la Información [en linea]. "Hipertext.net", núm. 2, 2004. <http://www.hipertext.net> [Consulta: 1 feb. 2007].

D. Stone, C Jarrett, M. Woodroffe and S. Minocha. User Interface Design and Evaluation. Morgan Kaufmann Series. 2005.

E. Stevens (2019, Apr 25) User Testing: A Guide To Step 5 Of The Design Thinking Process [Online]. Available: https://careerfoundry.com/en/blog/ux-design/user-testing-design-thinking/

E. Luca and B. Narayan. Signage by Design: A Design-Thinking Approach to Library User Experience. University of Technology Sydney, Australia Volume 1, Issue 5. 2016.

D. de Paula, B. Menezes and C.Araujo. Building a Quality Mobile Application: A User-Centered Study Focusing on Design Thinking, User Experience and Usability. International Conference on Human-Computer Interaction. Greece, June 2014.

J.Innes. Why Enterprises Can't Innovate: Helping Companies Learn Design Thinking. Conference: Design, User Experience, and Usability. Theory, Methods, Tools and Practice - First International Conference, DUXU 2011, Held as Part of HCI International 2011, Orlando, FL, USA, July 9-14, 2011, Proceedings, Part I.

Z. Sandorova, T. Repanova, Z. Palencikova and N. Betak. Design thinking - A revolutionary new approach in tourism education?. Journal of Hospitality, Leisure, Sport & Tourism Education. Volume 26, June 2020, 100238

John E. Bentley. 14 Steps to a Good GUI. First Union National Bank, 1999.

GLOSARIO DE TÉRMINOS

- **ad-hoc**: Para referirse a lo que se dice o hace solo para un fin determinado.
- **ASD**: Agile Software Development, envuelve un enfoque para la toma de decisiones en los proyectos de software, que se refiere a métodos de ingeniería del software basados en el desarrollo iterativo e incremental, donde los requisitos y soluciones evolucionan con el tiempo según la necesidad del proyecto.
- **Axure RP**: Es un software para crear prototipos y especificaciones para sitios web y aplicaciones. Ofrece colocación, cambio de tamaño y formato de widgets mediante la función de arrastrar y soltar.
- **Bosquejo**: Diseño o proyecto de una obra artística, hecho de manera provisoria, solamente con los elementos esenciales.
- **Brief**: Es un documento informativo que contiene la información imprescindible para poder empezar a planificar o ejecutar un proyecto.
- **CJM**: Customer Journey Map, es un proceso de crear una representación visual de procesos.
- **Convergente**: Se refiere al encuentro de dos puntos, cosas, ideas o situaciones que parten de lugares diferentes.
- **Creately**: Herramienta para crear diagramas de flujo, navegación,UML, etc.
- **Divergente**: Se refiere al irse apartando sucesivamente unas de otras, dos o más líneas o superficies.
- **DT**: Design Thinking
- **Empatizar**: Sentir participación afectiva de una persona en una realidad ajena a ella.
- **ERP**: Enterprise Resource Planning, sistema de planificación de recursos empresariales.
- **Evaluación heurística**: Es un método de análisis de la usabilidad sin usuarios, llevado a cabo por expertos, que tiene el fin de evaluar los elementos de una interfaz a partir de una serie de principios llamados "heurísticos".
- **Feedback**: es la acción de ofrecer información a una persona sobre un resultado.
- **Hipermedia**: Conjunto estructurado de diversos medios como gráficos, textos, imágenes y sonidos, unidos entre sí por enlaces y conexiones lógicas para la transmisión de una información.
- **IDEO**: Es una firma de diseño y consultora, utiliza el enfoque de pensamiento de diseño para conceptualizar productos, servicios, entornos y experiencias digitales.
- **IHC**: Interfaz Humano Computador
- **Insights**: Un insight es una clave, es la esencia que nos permite encontrar la solución a un problema. Un insight no es la solución, es simplemente el punto que nos lleva al camino de esa solución.
- **Mapa de Conceptual**: Son representaciones visuales de información. Pueden expresarse como gráficos, organizadores tablas, gráficos, diagramas de Venn, diagramas de flujo, líneas de tiempo o diagramas en general.
- **Mapa de Contenido**: Describe cómo cada elemento del contenido que desarrolla se alinea estratégicamente con el recorrido del cliente y lo respalda

- **Matriz FODA**: Es una herramienta para analizar una situación, producto, empresa etc. que esté actuando como objeto de estudio en un momento determinado.
- **Mind Mapping**: Es un método eficaz para generar ideas por asociación.
- **Prototipo de alto nivel**: Prototipos que muestran un alto nivel de detalle, requieren un nivel de esfuerzo mayor
- **Prototipo de bajo nivel**: Prototipos los cuales muestran un nivel bajo de detalle, por lo tanto también requiere menor esfuerzo
- **Robustez**: Que es resistente por su grosor, gran densidad y firmeza.
- **Sinéctica**: es un proceso que emplea como base el pensamiento creativo y lo prioriza frente al lógico.
- **Sistema**: Conjunto de partes interrelacionadas: hardware, software y personal informático.
- **Smaply**: Herramienta de gestión de experiencia de usuario.
- Software: Conjunto de programas y rutinas que permiten a la computadora realizar determinadas tareas.
- **Stakeholder Circle**: Es un grupo de personas que afectan o pueden ser afectadas por las acciones de una organización con respecto a un proyecto.
- **Strategyzer**: Consultora que ayuda a desarrollar nuevos modelos de negocio en torno a la propuesta de valor que se aporta al cliente, mediante herramientas online muy prácticas y visuales.
- **Trigger card**: Es una herramienta para plasmar ideas que se van generando sobre algún problema.
- **UI**: Interfaz de Usuario
- **Usabilidad**: Se refiere a la facilidad con la que se pueden utilizar una herramienta o cualquier objeto fabricado por el humano.
- **Usuario**: Persona que usa habitualmente un servicio.
- **UTS**: Universidad de Tecnología de Sydney.
- **UX**: Experiencia de Usuario
- Value Chain Analysis: Es un medio de evaluar cada una de las actividades en la cadena de valor de una empresa para comprender dónde se encuentran las oportunidades de mejora.

I want morebooks!

Buy your books fast and straightforward online - at one of world's fastest growing online book stores! Environmentally sound due to Print-on-Demand technologies.

Buy your books online at
www.morebooks.shop

¡Compre sus libros rápido y directo en internet, en una de las librerías en línea con mayor crecimiento en el mundo! Producción que protege el medio ambiente a través de las tecnologías de impresión bajo demanda.

Compre sus libros online en
www.morebooks.shop

KS OmniScriptum Publishing
Brivibas gatve 197
LV-1039 Riga, Latvia
Telefax: +371 686 204 55

info@omniscriptum.com
www.omniscriptum.com

Printed by Books on Demand GmbH, Norderstedt / Germany